EMDR EN VÍCTIMAS DE BULLYING:
Programa de Intervención en Educación Secundaria Obligatoria
TAVEMDR

EMDR EN VÍCTIMAS DE BULLYING:
Programa de Intervención en Educación Secundaria Obligatoria
TAVEMDR

ANA MARÍA GEA JIMÉNEZ

Autora y editora

Ana María Gea Jiménez
2019

Dedicatoria

A todos los alumnos,
que en su mayoría sufren en silencio las consecuencias
del bullying, para que sientan que no están solos, que se les
quiere y se les puede ayudar

A los padres, que con impotencia ven el dolor de sus
hijos

A todo el profesorado, por su implicación en el proceso
educativo de los alumnos

Y a los psicólogos, por su compromiso y dedicación a la
Terapia EMDR aplicada al ámbito escolar.

Índice

Consideraciones de la autora

A lo largo del libro se utiliza el masculino sin implicaciones se-
xistas, como género para designar a los individuos del sexo
masculino o femenino, y a toda la especie sin distinción de
sexos.

Agradecimientos

Esta obra no habría podido llegar a su fin sin la existencia de mi querida familia, en especial de mis padres, Antonio y Antonia, cuyos consejos, respeto y aceptación incondicional han sido claves, gracias a toda mi familia.

A mi marido Alberto, fiel compañero de vida desde hace muchos años. Fuiste un regalo de la vida cuando te conocí, siempre ahí y ahora también presente en esta nueva aventura en la que juntos nos embarcamos, gracias por existir y por la revisión de este libro.

A mis amigos, que en la distancia, apoyaban en silencio mi esfuerzo con sus ánimos y complicidad, y en especial a Presentación García Caballero, gracias por tus aportaciones y ayuda en la revisión de este libro. Antonio Atenza y Willigis Jäger, inolvidables vuestras enseñanzas.

A la Universidad Internacional de Valencia/VIU, y en concreto a Myriam Gutiérrez, que ha contribuido, con su máxima exigencia, a que la obra pueda ser presentada y difundida.

A los profesores y psicólogos, en nuestro afán de conseguir una verdadera inclusión educativa, dirigida al desarrollo académico, pero también al desarrollo personal y social de nuestros alumnos.

Finalmente, gracias a todas aquellas personas que trabajan en esta misma dirección, que con su esfuerzo y sacrificio hacen la vida más fácil a los demás, entre las que se pueden destacar a Ignacio Jarero y Lucina Artigas, Iñaki Piñuel y María Cervera; de ellos los demás podemos coger la antorcha encendida, como testigo, y conducirla a la meta. Gracias igualmente a Solomon y Van der Hart, a quienes he tenido la oportunidad de conocer e inspirarme en sus conferencias. Y como no podía ser de otra manera, gracias a la psicóloga Francine Shapiro, que con su ingenio y saber hacer creó la Terapia EMDR que tanto sufrimiento está quitando y bien está haciendo a la humanidad. Espero y deseo que con mi granito de arena esta obra haya podido contribuir en la buena dirección de mis antecesores.

Prefacio

El bullying puede ser una lucha constante para los alumnos traumatizados, que lejos de poder escapar de él, se ven abocados a acudir diariamente, de forma obligada, al lugar donde se origina, el centro escolar. Característicamente presentan una amplia variedad de síntomas, que frecuentemente se agrupan en diferentes comorbilidades, lo que puede hacer que la evaluación y el tratamiento de estos pacientes sea una tarea algo complicada y desconcertante para el psicólogo. A ello, se suma la dificultad que entraña poder detectar la presencia no sólo de una agresión física sino la de una agresión psicológica, causando esta última los mayores efectos devastadores sobre nuestros alumnos, que en su mayoría sufren en silencio sus consecuencias, pudiendo llegar al suicidio. Son varios los Programas creados al efecto para lidiar contra el bullying, pero éste sigue con nosotros, generando víctimas a su paso. El Trastorno de Estrés Postraumático como consecuencia grave del bullying o acoso escolar que viven nuestros alumnos, en concreto en Educación Secundaria Obligatoria, ha llevado a la búsqueda de nuevas alternativas.

En este libro se expone un abordaje diferente a lo empleado hasta ahora, un Programa de Intervención llamado, *Tratamiento para el Acoso y Violencia Escolar mediante la Desensibilización y el Reprocesamiento por el Movimiento*, dirigido específicamente a los alumnos de Educación Secundaria Obligatoria (ampliable a toda la población escolar), utilizando la *Terapia de Desensibilización y Reprocesamiento del Movimiento Ocular*, basado en el *Protocolo Individual Estándar de EMDR* y en el *Protocolo de*

Tratamiento Grupal Integrativo de EMDR, adaptado a adolescentes y población adulta que viven con estrés traumático continuo. Ambos protocolos están avalados científicamente tras más de 20 años de su práctica clínica.

Los objetivos del presente libro son, por un lado, difundir la práctica de EMDR como estrategia eficaz en la mejora del estrés postraumático y otras variables asociadas con éste, en alumnos víctimas de bullying. Y por otro, proporcionar una herramienta útil en la intervención contra el bullying, que prevenga la psicopatología de los que se encuentren en riesgo, desarrollando resilencia psicológica, aumento de su autoestima y relaciones afectivas sanas a corto y largo plazo, rompiendo así el ciclo del sufrimiento.

La escritura de este libro ha supuesto un reto considerable y un arduo trabajo entre borrador y borrador a lo largo de casi dos años de lecturas y redacciones. Ha supuesto una experiencia emocionante, a veces desconcertante, reveladora y mayoritariamente gratificante. El desarrollo de un Programa pionero en el tratamiento del bullying con el uso de la Terapia EMDR dentro del contexto escolar, no ha sido una labor sencilla; paciencia, tenacidad e interés han sido necesarias en partes iguales. Para su consecución, se ha realizado una revisión bibliográfica en profundidad de la Terapia EMDR hasta nuestros días y una Propuesta de Intervención en una muestra de 49 alumnos estudiantes del primer ciclo de Educación Secundaria. Los resultados de la misma sugieren que EMDR, aplicado en el contexto educativo, es una estrategia eficaz, por lo que se plantea la posibilidad de su inclusión en el currículo escolar. Pionero en proporcionar un Programa operativo, está supeditado a validación empírica en esta población tan necesitada. El resultado final ha sido la obtención de un libro a modo de guía, útil y práctico para combatir el bullying.

Este libro está dirigido principalmente a psicólogos, pero también es de interés para profesores, padres, alumnos y el propio centro educativo, al poder ser aplicado por personal entrenado, autoaplicarse por el propio alumno o con ayuda de los padres. Además, los psicólogos que traten a adolescentes que presenten trauma, fruto del bullying, encontrarán observaciones e instrucciones útiles que pueden ayudar a que el tratamiento sea más eficiente y eficaz, y más soportable para el alumno que lo sufre. Y también encontrarán información relevante para la actuación con EMDR en otro tipo de intervenciones, a través de los diferentes protocolos y ejercicios aquí recogidos. Sin descartar que lleguen a la coclusión que una acertada teoría contribuye a la excelencia en la práctica.

Por ello, el libro ha quedado estructurado en dos grandes partes, la parte teórica, y la parte práctica donde se desarrolla el Programa de Intervención. En un primer momento, en la introducción, se ofrece una visión general del problema planteado, la importancia y necesidad de realizar esta intervención y los objetivos marcados, todo lo cual se desarrolla en profundidad a lo largo del libro.

La parte teórica, compuesta por cuatro capítulos, describe en su capítulo 1 el concepto de bullying, atendiendo a la primera definición realizada por Olweus en 1973 y a la de varios investigadores. Este capítulo describe también sus características y manifestaciones, el tipo de participantes, los factores de riesgo, sus causas y consecuencias, y los Programas de Intervención tanto nacionales como internacionales más representativos hasta la fecha. Además, nos explica el marco legislativo en torno al bullying y cuáles serían sus consecuencias legales para alumnos, padres, profesores o el propio centro educativo. Finalmente, nos muestra todo lo concerniente a la Educación Secundaria Obligatoria.

El capítulo 2 expone el concepto de Trastorno de Estrés Postraumático según el DSM-5, sus características clínicas, los criterios diagnósticos para establecer un diagnóstico, los síntomas, la comorbilidad, los factores de riesgo y sus consecuencias.

En el capítulo 3 se explica la Terapia EMDR en profundidad a través de una amplia y actualizada revisión bibliográfica, donde queda demostrada su base científica a lo largo de los diferentes estudios controlados y metaanálisis independientes en su mayoría.

El capítulo 4 da a conocer los diferentes tratamientos psicológicos empleados hasta la actualidad en la literatura, estableciendo una comparativa sobre todo con la Terapia Cognitivo Conductual Centrada en el Trauma y el porqué de la elección de EMDR.

La segunda parte práctica, en su capítulo 5, presenta la intervención propuesta para la incorporación del Programa a un centro educativo. En esta parte a modo de guía se exponen de forma cronológica y pormenorizada las actuaciones a realizar para la implantación y desarrollo de dicho Programa. Las actividades a realizar con el profesorado, padres y alumnos de forma grupal e individual. Los recursos necesarios, tanto humanos, materiales como espaciales. Presenta y describe las sesiones, su temporalización y los ejercicios recomendados.

Además, en esta parte el lector encontrará expresiones sencillas, adaptadas a cada público, sobre la ansiedad, el estrés, el trauma, el miedo, la evitación y los pensamientos que influyen, la Terapia EMDR y porqué es necesario la intervención; todo ello a través de ejemplos, metáforas y analogías como la analogía del *Archivo*, el *Tren*, la *Película Mental*, la *Casa Tomada* de Julio Cortázar o la explicación pedagógica de Daniel Siegel. El contenido es muy ilustrativo, con ejercicios para poder calmarse la propia persona, de regulación y estabilización emocional, como la *Respiración Abdominal*, el ejercicio del *Lugar en Calma*, el ejercicio de *Relajación y Enraizamiento*, el ejercicio del *Contenedor*, la *Agradable Memoria*; también el ejercicio de la *Rueda de Poder,* donde el adolescente puede hacerse consciente de sus propias fortalezas. Además, encontrarán técnicas muy conocidas y prácticas, como la técnica del *Juego de la Caja de Arena* o el *Abrazo de la Mariposa,* esta última con el premio internacional a la cretividad, que ayudarán al alumno a empoderarse o a aumentar su sentido de seguridad; también técnicas para utilizar en caso de bloqueo emocional, como el *Cuestionario Directo, el Afecto Positivo* o los *Entretejidos Educativos.* En su capítulo 6 se presenta el análisis de los datos y se muestran los resultados esperados.

El libro finaliza con un epílogo donde se muestran las conclusiones obtenidas que apoyan el uso de la Terapia EMDR. Posteriormente, las referencias bibliográficas utilizadas, con los autores más relevantes en la materia, y a continuación, la aportación de diferentes apéndices que complementan el cuerpo del libro, entre los que se encuentran los diferentes protocolos de EMDR usados en la actualidad, los criterios diagnósticos para Trastorno de Estrés Agudo y para Trastorno de Estrés Postraumático, un ejemplo de plantilla de Consentimiento Informado y Contrato de Confidencialidad, y el ejercicio del Abrazo de la Mariposa detallado. Además, para concluir, se integra un glosario para que el lector pueda familiarizarse con la terminología utilizada.

Introducción

El bullying, acoso escolar, violencia entre iguales (en adelante bullying por su aceptación internacional) es un problema social que está aumentando, tanto en alumnos de Primaria como de Secundaria (Defensor del pueblo, 2007; Gázquez, Cangas, Pérez y Lucas, 2009). Afecta a las víctimas que lo sufren, a los agresores y a los observadores, en su forma física, verbal, social o psicológica. Con una tasa de prevalencia nacional e internacional entre un 5% y un 50% (Hansen, Steenber, Palic y Elklik, 2012; Piñuel y Oñate, 2007) y los casos graves de victimización entre un 3% y 10% (Fu, Land, Lamb, 2013). En España, en los adolescentes entre 12 y 16 años su incidencia es de un 9.3% (Save the Children, 2016). Este hecho está afectando a los alumnos de Educación Secundaria Obligatoria (ESO), en su rendimiento académico y en el deterioro de su salud psicofisiológica, siendo una de las consecuencias psicológicas más graves y con peor pronóstico, el Trastorno de Estrés Postraumático (TEPT).

Varias investigaciones (Moore, Norman, Suetani, Thomas, Sly y Scott, 2017; Nemeroff, 2016) han respaldado la hipótesis de que la exposición a eventos estresantes tempranos se asocia con una mayor vulnerabilidad para padecer trastornos psiquiátricos en la edad adulta, incluido TEPT (Moreno-Alcázar *et al.*, 2017). Además, un conjunto de pruebas consistentes muestra que las personas que intimidan a otros en la escuela también tienden a hacerlo como adultos (Ttofi, Farrington y Losel, 2012). Del mismo modo, los resultados de investigaciones retrospectivas muestran que la victimización por acoso en la escuela aumenta el riesgo de ser amendrentado en la vida adulta (Nielsen, Tangen, Idsoe, Matthiesen y Mageroy, 2015).

Como consecuencia de esta situación, aunque el problema ha transcendido al ámbito jurídico, se continúan realizando investigaciones para combatir el bullying, con la creación de Programas de Prevención e Intervención. Centrados en la violencia de los jóvenes (Hughes *et al.*, 2014), los resultados sobre su efectividad y empirismo son cuestionados (Caballo, Calderero, Carrillo, Salazar e Irurtia, 2011), aunque los mejores resultados han sido los llevados por profesionales especializados (Cerezo, 2016).

El precursor de analizar y estudiar las consecuencias de estas acciones a nivel internacional fue Olweus en 1978, acuñando el termino bullying, del inglés *bully* (matón). En España, su estudio se inicia en 1989 por Vieira, Fernández y Quevedo, pero es en el año 2004 cuando cobra mayor atención tras el suicidio del niño Jokin, víctima de bullying (Avilés, Irurtia, García-López y Caballo, 2011). Son destacadas igualmente, las aportaciones realizadas por autores como: Cerezo, Díaz-Aguado, Gairaigordoil, Piñuel y Oñate...

Aunque hay discrepancias entre los autores en cuanto a la terminología, prevalencia y formas de violencia, coinciden en que se trata de un problema predominantemente masculino, sin diferencias entre clases sociales, el lugar donde más agresiones se producen es en el patio, en su forma verbal y mayoritariamente, en edades entre los 11 y 14 años (Gairaigordoil y Oñederra, 2010; Save the Children, 2016). Además, coinciden, en que de la definición del problema se desprenden tres aspectos comunes: intencionalidad de las acciones, mantenimiento en el tiempo (repetición) y desequilibrio de poder (Cerezo y Rubio, 2017; Dane, Marini, Volk y Vaillancourt, 2016).

Según la Organización Mundial de la Salud (OMS, 2002), el bullying puede considerarse como una forma concreta de violencia escolar entre iguales, de forma continuada en el tiempo, donde uno o varios agresores tienen mayor poder que la víctima, con intención de provocarle dolor de forma verbal, física, social o psicológica e incluye los términos de acoso, maltrato, intimidación o agresión (Garaidorbil, 2011).

El bullying, como amenaza a la integridad física o psicológica real o percibida por la persona, provoca un estrés que altera la homeostasis del organismo. Cuando la capacidad del individuo para adaptarse se ve superada (estrés negativo o distrés) por las demandas del entorno, se producen los efectos traumáticos por estrés (Sandín, 2003), generando un impacto emocional capaz de provocar manifestaciones psicológicas y físicas (Carvajal, 2002), que, si perduran, pueden generar un TEPT.

Según la quinta edición del Manual Diagnóstico y Estadístico de los Trastornos Mentales (DSM-5; APA, 2014), el TEPT es un trastorno de ansiedad en torno a la exposición a un evento traumático inesperado, que puede afectar a todas las edades. Este hecho traumático puede haber sucedido de manera puntual (como es el caso de una amenaza de lesión o muerte) o ser de carácter repetitivo y persistente (violaciones, situaciones de guerra, bullying, etc.). El diagnóstico de TEPT queda justificado cuando se da al menos un síntoma de reexperimentación del evento traumático, tres síntomas de evitación y dos síntomas de hiperexcitación, durante al menos un mes en un grado que causa angustia o deterioro, clínicamente significativo en el funcionamiento diario (Lago y Larraz, 2012). Aunque los síntomas del TEPT en adolescentes tienen los mismos criterios que para adultos, se ha comprobado que estos pueden variar, con dificultad para expresar sus emociones, diferentes expresiones de angustia o no saber identificar el inicio del trauma (disociación peritraumática), por lo que se plantea que esta población tal vez necesitaría menos criterios diagnósticos (Bui *et al.*, 2017).

El TEPT, que aparece por primera vez en el DSM-5 (APA, 2014), fuera de los trastornos de ansiedad, requiere concretar si el trastorno es agudo o crónico (duración menor o mayor de 3 meses) y si su presentación es demorada (al menos 6 meses después del suceso). Se diferencia de otros diagnósticos psiquiátricos por su dependencia de dos procesos distintos: la exposición al trauma y el desarrollo de un patrón específico de síntomas en relación temporal o contextual con el evento traumático.

En este sentido, como el acoso escolar no se da por un solo evento traumático, sino como exposición sistemática a una agresión no física, no cumpliría el criterio A del DSM-5 (APA, 2014), por lo que diferentes autores consideran que debería incluirse dentro de los trastornos de adaptación, ansiedad, depresión o simplemente como angustia. Sin embargo, otros autores (Matthiesen y Einarsen, 2004; Mikkelsen y Einarsen, 2002; Tehrani, 2004) manifiestan que la angustia que muchas de las victimas experimentan es igual al estrés asociado a los eventos traumáticos y que el acoso es un evento traumático en el que la exposición prolongada al suceso destruye los esquemas cognitivos básicos. Por su parte, en España el primer y mayor estudio nacional e internacional realizado a este respecto en edades comprendidas entre los 7 y 18 años (*Informe Cisneros X: Violencia y Acoso Escolar en España*; Piñuel y Oñate, 2007) desvela a modo de iceberg que, de la violencia escolar realizada por los alumnos, sólo el 10% pertenecía a la violencia física (bullying/parte visible) y el 90% restante a la violencia psicológica (acoso escolar/ parte invisible), constituyendo ésta la forma más perjudicial psicológicamente para la víctima. De estos hallazgos, los autores apuntan que se puede errar al diagnosticar un caso como acoso, si sólo atendemos a la traducción de bullying como violencia física.

La falta de investigación longitudinal y el limitado número de evaluaciones clínicas del diagnóstico hace que no haya evidencia a favor o en contra de que el acoso cause dicho trastorno (Nielsen, Tangen, Idsoe, Matthiesen y Mageroy, 2015). Por otro lado, no existen estudios específicos longitudinales en las escuelas que evalúen las intervenciones sobre el trauma y su tratamiento psicológico, sino transversales y basados en las encuestas, limitando las conclusiones a las que se puede llegar sobre sus causas (Marín, Guillen y Bergara, 2016).

La experiencia traumática, tras un evento de vida adverso con sus efectos negativos, diferirá en cada individuo dependiendo de factores demográficos, duración e intensidad del factor estresante, rasgos de personalidad y percepción individual. Además, en el caso de los adolescentes, el nivel de ayuda y apoyo brindado por sus cuidadores principales también desempeñará un papel esencial en las posibles consecuencias negativas (Javidi y Yadollahie, 2012; Moreno-Alcázar *et al.*, 2017), aunque, del metaanálisis realizado por Gorrese y Ruggieri (2012), se concluye, que unas malas relaciones entre adolescentes correlacionan de forma positiva con síntomas de estrés postraumático, al margen de tener un apego saludable paternofilial, por la importancia relacional del apego con los iguales.

La variabilidad de estos factores puede ser una de las causas que contribuyan a que la evidencia no sea concluyente en torno a las tasas de TEPT, sobre todo en niños y adolescentes (Rodenburg, Benjamin, de Roos, Meijer y Stams, 2009). Un metaanálisis reciente mostró una prevalencia aproximada del 16% en niños y adolescentes (Morina, Koerssen y Pollet, 2016). Los estudios epidemiológicos desvelan que el período de mayor riesgo para la exposición a muchos eventos potencialmente traumáticos es durante la adolescencia, que incluye la violencia interpersonal y accidentes o lesiones, entre otros (McLaughlin *et al.*, 2013). Se estima que los datos que relacionan TEPT y maltrato entre iguales (dependiendo de los criterios de definición utilizados) se sitúan entre un 20% y un 45% (Moreno-Alcázar *et al.*, 2017). En España se desconocen los datos de prevalencia del TEPT en la población infantojuvenil, lo que favorecería una posible cronicidad de los síntomas de TEPT en esta población (Buit *et al.*, 2017; Piñuel y Cervera, 2016; Yule *et al.*, 2000).

Las consecuencias clínicas y psicopatológicas del TEPT están relacionadas con una incapacidad del organismo para restablecer condiciones homeostáticas anteriores al trauma (Coelho, Maia y Oliviera, 2010). Diversos estudios de metaanálisis (Scott *et al.*, 2015; Kühn, S. y Gallinat, J., 2013) han demostrado que el TEPT está relacionado con alteraciones estructurales del cerebro y déficits cognitivos (Estrada, Molina y Navarro, 2015), pudiendo afectar a la atención, memoria, capacidad de aprendizaje, inhibición de estímulos, expresión genética y desarrollo de los niños y adolescentes. Además, el TEPT, sobre todo el generado por traumas relacionales, puede ocasionar problemas comportamentales en los adolescentes, uso y abuso de tóxicos, ideas suicidas o síntomas disociativos entre otros. Sin un tratamiento efectivo se puede cronificar, experimentando niveles significativos de síntomas y deterioro incluso décadas después (Bados, 2017; O´Toole, Catts, Outram, Pierse y Cockbun, 2009).

Hasta la actualidad, se han utilizado diferentes intervenciones para el TEPT infantojuvenil, incluida la farmacología (antidepresivos tricíclicos, sertralina o propanolol). Dos revisiones sistemáticas (Strawn, Keeshin, DelBello, Geracioti y Putnam, 2010; Keeshin y Strawn, 2014) concluyeron que podrían ser de utilidad en casos individuales, aunque el uso de la intervención farmacocinética, como tratamiento de elección en niños y adolescentes, actualmente es insuficiente (Strawn *et al.*, 2010; Keeshin y Strawn, 2014). Por ello, las intervenciones psicológicas son la base del tratamiento en niños y adolescentes traumatizados (Moreno-Alcázar *et al.*, 2017).

Las directrices internacionales, respaldadas por varios estudios, recomiendan la Terapia Cognitivo Conductual Centrada en el Trauma (TCC-CT), para el tratamiento del TEPT por su eficacia en reducir los síntomas del TEPT y lograr la mejoría en una amplia gama de otros síntomas de salud mental (Diehle, Opmeer, Boer, Mannarino y Lindauer, 2015; Morina, Koerssen y Pollet, 2016); sin embargo, entre un 16 y un 40% de la población infantojuvenil tratada continuaba con síntomas compatibles con TEPT después del tratamiento (Diehle *et al.*,

2015) y con altas tasas de abandono (Boterhoven de Haan *et al.*, 2017; Cloitre *et al.*, 2011). Otros enfoques para adolescentes, como la exposición prolongada para adolescentes - *PE-A* - (Powrs, Halpern, Ferenschak, Gillihan y Foa, 2010) y las intervenciones cognitivo conductuales para trauma en las escuelas -*CBITS*- (Morsette *et al.*, 2009), muestran cierta evidencia de efectos beneficiosos, aunque los resultados no son concluyentes por la escasez de estudios realizados (Keeshin y Strawn, 2014; Morina *et al.*, 2016).

Otra terapia enfocada al trauma es la Terapia de Desensibilización y Reprocesamiento del Movimiento Ocular (EMDR), que se ha utilizado cada vez más en el TEPT y ha obtenido resultados prometedores. Este enfoque, nacido a través de la observación y práctica clínica y no de la teoría, fue desarrollado en 1987 por la psicóloga Francine Shapiro. Aunque se desconoce su funcionamiento, es un enfoque psicoterapéutico integrador, centrado en el paciente y fundamentado en las bases fisiológicas del aprendizaje, con un sistema de *tres vértices* en el que están implicados aspectos del pasado, presente y futuro de memorias perturbadoras relacionadas con eventos estresantes de vida (Chen, Zhang, Hu y Liang, 2015).

El método EMDR está estructurado en 8 fases dentro de un Protocolo Estándar basado en el sistema de *Procesamiento Adaptativo de Información* (PAI), que tiene lugar cuando el paciente se centra en la memoria perturbadora y el psicólogo realiza Estimulación Bilateral (EB). El objetivo de la Terapia es conseguir el procesamiento adecuado de las experiencias perturbadoras y crear nueva información adaptativa, disminuyendo los síntomas del TEPT (Shapiro, 2014).

La efectividad de la Terapia EMDR para el tratamiento del TEPT en adultos ha quedado establecida por varios metaanálisis independientes (Chen *et al.*, 2015; Cusack *et al.*, 2016; Moreno-Alcázar *et al.*, 2017), y en la última década han aumentado los estudios en la población infantojuvenil en intervenciones individuales o grupales de hasta 50 integrantes (Brown *et al.*, 2017; Diehle, Schmitt, Daams, Boer y Lindauer, 2014). Numerosas organizaciones, incluidas la Asociación Americana de Psiquiatría, el Departamento de Defensa y la OMS (2013) recomiendan EMDR como un tratamiento eficaz para víctimas de trauma en todas las edades (Moreno-Alcázar *et al.*, 2017; Shapiro, 2014).

Por lo tanto, teniendo en cuenta lo anterior, ante el bullying, como evento relacional estresante que puede provocar TEPT y que ocurre en un momento de la vida de la infancia, donde el cerebro está en desarrollo de varios sistemas biopsicosociales que regulan el comportamiento (Idsoe, Dyregrov y Cosmovici, 2012), una intervención orientada al trauma, rápida y centrada en el paciente, sería esencial para prevenir dichos efectos adversos a largo plazo (Moreno-Alcázar *et al.*, 2017).

Los estudios de prevalencia muestran que el TEPT, como consecuencia de la victimización ocasionada por el bullying en alumnos de ESO, es un problema de salud de gran relevancia al aumentar el riesgo de ser hospitalizados por problemas de salud mental. El fenómeno bullying es global, teniendo un impacto tanto a nivel personal, familiar como social, lo que muestra una clara necesidad de intervenir, sobre todo en la víctima, la cual experimenta un gran sufrimiento, generalmente en silencio.

Las secuelas psíquicas como consecuencia de las situaciones traumáticas continuadas, como la mencionada en este estudio, pueden producir efectos físicos, emocionales y mentales, incapacitantes y deteriorantes, con el sufrimiento prolongado a veces a décadas posteriores, de todos los alumnos involucrados, incluidos los observadores. Estos efectos pueden llegar a interferir en sus vidas y en las personas que les rodean, poniendo de manifiesto la importancia que tiene para el diagnóstico el TEPT, y la necesidad de realizar un buen diagnóstico de acoso y violencia escolar en las instituciones escolares, que evite que queden alumnos sin diagnosticar.

Cada vez cobra mayor importancia el evaluar el daño emocional persistente de las víctimas de bullying que desarrollan TEPT, sobre todo el grupo de adolescentes por su extremada vulnerabilidad ante alteraciones cerebrales, uso y abuso de sustancias tóxicas e ideas suicidas.

Es fundamental la detección inicial de psicopatología, para identificar adolescentes con factores de riesgo, y poder realizar una remisión temprana de las secuelas del trauma, por lo que se hace necesario orientar a estos adolescentes hacia una intervención precoz psicológica eficaz, y ha de hacerse dentro del entorno escolar, que es donde se ha producido el evento traumático. Por ello, es esencial aplicar métodos de intervención terapéuticos con probada evidencia científica, a todas las victimas, para prevenir la psicopatología de los que se encuentren en riesgo, desarrollando resilencia y rompiendo el ciclo del sufrimiento.

Es el Centro el que tiene la responsabilidad de proteger al alumno y el deber de garantizar que sea un lugar seguro, donde pueda maximizar sus posibilidades de aprender, sin tener que alejarse de los amigos del Centro por traslado a otro, en la mayoría de las ocasiones.

Tomando como punto de partida esta preocupación y tras el análisis de trabajos previos, se propone implementar en el contexto educativo un Programa empírico de Intervención Grupal e Individual, con el fin de aumentar el conocimiento existente sobre la eficacia de los tratamientos psicológicos para víctimas de bullying y contribuir así, a la eficacia asistencial de las víctimas y a la mejoría de la comunicación entre iguales.

Sobre la base de la evidencia empírica disponible, este Programa llamado Tratamiento para el Acoso y Violencia Escolar mediante la Desensibilización y el Reprocesamiento por el Movimiento (TAVEMDR), integrará aspectos del *Protocolo Individual Estándar de EMDR* (ver Apéndice 1) y del *Protocolo de Tratamiento Grupal Integrativo de EMDR (EMDR-IGTP-OTS)* adaptado a Adolescentes y población Adulta que viven con estrés traumático continuo (ver Apéndice 2) – traducción propia -, con algunas modificaciones que se explicarán más adelante.

Llegados a este punto cabría preguntarse, ¿por qué la elección de la Terapia EMDR para el tratamiento del TEPT causado por el bullying? y, ¿es posible la implementación de un Programa escolar basado en EMDR dentro del currículo académico de la ESO? Para dar respuesta a estas preguntas el libro ha quedado estructurado en dos grandes partes, siendo la primera parte donde se aborda el aspecto teórico y en la segunda, la exposición práctica con el Programa de Intervención propuesto. Para el desarrollo del presente proyecto, se han definido los siguientes objetivos generales y específicos:

Objetivos generales

- Diseñar una Propuesta de Intervención basada en EMDR para alumnos víctimas de bullying, dentro del entorno escolar de la ESO, que favorezca la eliminación de la sintomatología propia del síndrome de estrés postraumático, que ayude a superar el daño emocional y la merma en su autoestima y resistencia que el bullying ha provocado, y con ello, facilitar una mejor comunicación entre iguales, el desarrollo de relaciones afectivas sanas a corto y largo plazo, aumento de su percepción de control y aprendizaje en la gestión de sus emociones y reacciones (resiliencia).

- Ofrecer a los centros escolares un Programa válido de intervención temprana a nivel grupal, como detector y facilitador del procesamiento del TEPT y de aquellos alumnos que necesiten una intervención individual.

Objetivos específicos

- Revisar la bibliografía actual existente en la literatura en relación con las variables relacionadas con el TEPT y los tratamientos psicológicos empleados en los adolescentes.

- Describir el estado de la cuestión en lo relativo a la eficacia de la Terapia EMDR en el tratamiento del

Trastorno de Estrés Agudo (TEA) y TEPT, y su aplicabilidad en un Programa de Intervención dentro del currículo educativo.

- Definir un procedimiento rápido y efectivo de intervención ante los casos de TEA o TEPT para alumnos víctimas de bullying en el contexto de la ESO.

- Facilitar las herramientas psicométricas necesarias para establecer el diagnóstico de TEA y TEPT en relación con el bullying (a la violencia y acoso escolar).

EMDR EN VÍCTIMAS DE BULLYING

PARTE I. FUNDAMENTOS TEÓRICOS

EMDR EN VÍCTIMAS DE BULLYING

1.

Bullying en la adolescencia y la Educación Secundaria Obligatoria

1.1. Características y manifestaciones del bullying

Desde que se realizó la primera definición por Olweus en 1973, varios investigadores han matizado su concepto, aceptando que para diagnosticar un caso de bullying han de darse 3 circunstancias: 1) La existencia de una o más de las conductas de hostigamiento reconocidas internacionalmente; 2) Que la conducta se realice de forma repetida, considerada por la víctima no meramente incidental, sino que la espera sistemáticamente en el entorno escolar en relación con los acosadores; y 3) Persistencia en el tiempo, con la instauración de un proceso que irá minando la resistencia de la víctima y a su vez afectando a todas las esferas de su vida, tanto académica, emocional, familiar o afectiva (Garaigordobil *et al.*, 2017).

Así, las características básicas del bullying serían: 1) Existencia de una víctima indefensa atacada por una o varios alumnos con la intención cruel de hacer daño; 2) Desigualdad de poder entre víctima y agresor; 3) Periodicidad y durabilidad en la conducta de agresión, causando daño que se prolonga en el tiempo; y, 4) El objetivo es uno o varios alumnos, el agresor puede ser uno o varios, aunque la víctima ha de ser una concreta, no un grupo (Garaigordobil, 2011).

El bullying, como se apuntaba con anterioridad, puede manifestarse de forma física, verbal, social y psicológica: 1) Físicamente, de forma directa (cuando existe contacto con el cuerpo de la víctima, por ejemplo,pegarle, empujarle...) o de forma indirecta (cuando se causa daño a las propiedades de la víctima); 2) Verbalmente, de forma negativa, mediante la palabra (motes, insultos, calumnias...) o producidas mediante acciones sociales de maltrato (exclusión social, disrupción en el aula...); 3) Socialmente, aislando a la víctima del grupo de iguales, ignorándola...; y, 4) Psicológicamente, con la creación de inseguridad, baja autoestima y miedo (risas, desvalorizaciones, humillaciones) que generan en la víctima indefensión y temor, entre otras (Álvarez-García, Dobarro, Álvarez, Núñez, y Rodríguez, 2014; Garaigordobil y Oñerreda, 2010).

Más recientemente, como consecuencia de las nuevas tecnologías, ha proliferado la forma de bullying que se realiza a través de las redes sociales, conocida como *ciberbullying*. Esta forma de bullying incrementa más si cabe la gravedad de la realidad por la gran repercusión que puede alcanzar cualquier comentario o insulto que se realiza mediante la red social, además de por el anonimato de quién realiza la conducta (Álvarez-García, Barreiro-Collazo y Núñez, 2017; Cerezo y Rubio, 2017*)*.

1.2. Participantes en el bullying

Tras varios estudios realizados (Álvarez-García, Menéndez, González-Castro y Rodríguez, 2012; Cerezo, 2009; Dane *et al.*, 2016) se han identificado diferentes agentes implicados en esta situación:

- Los agresores (bullies). Suelen ser principalmente varones. Más fuertes físicamente, sus expedientes académicos inferiores en comparación a la media, de carácter impulsivo, faltos de empatía y déficit de control emocional, con deficiencia en las habilidades sociales y débiles lazos familiares.

- Las víctimas del bullying. Suelen ser mujeres. Calificadas como tímidas, con baja autoestima, débiles físicamente, calladas, sensibles y tendentes al aislamiento.

- Los observadores. Los alumnos, que por miedo a represalias o por el temor de perder su estatus dentro del grupo o formar parte del rol de víctima no denuncian. En algunas ocasiones se suman a las agresiones.

1.3. Factores de riesgo y causas

De la misma manera que existe un patrón típico en torno a las figuras participantes en el bullying, diferentes autores han destacado factores comunes de riesgo:

- En el agresor, comportamientos disruptivos y desafiantes, creencias negativas sobre sí mismo y los demás, bajo rendimiento académico, déficit en habilidades de solución de problemas y presencia de conflictos familiares (Torregrosa et al., 2012).

- En la víctima, creencias negativas sobre sí mismo, baja autoestima, déficit en solución de problemas y habilidades sociales. Padecer alguna discapacidad, realizar conductas diferentes a los demás, ser inmigrante o pertenecer a una minoría étnica (Zurita et al., 2015).

- En el caso del ciberbullying, la falta de control parental y la utitilización en el fin de semana de las redes sociales convierten este medio en un potencial importante causal (Cerezo *et al.*, 2017).

Aunque los motivos de aparición del bullying pueden ser muy similares a los factores de riesgo, investigaciones recientes (Morales, Yubero y Larrañaga 2016), apuntan a dos como causas de la conducta del acosador: un afán y búsqueda de poder; y, un deseo y necesidad de liderazgo, de estima y aceptación por su grupo de iguales. Entre las variables predictoras de victimización, la baja autoestima y una menor edad (Garaigordobil, Martínez-Valderrey, Páez y Cardozo, 2015).

1.4. Consecuencias del bullying

Al margen del tipo de bullying que tenga lugar, su persistencia provoca consecuencias a corto o largo plazo, con un deterioro de la salud mental y general que puede alcanzar a la vida adulta. Afecta tanto al agresor y a la víctima como a los observadores (Moore *et al.*, 2017).

En los agresores, un bajo rendimiento académico, fracaso escolar y diminución en la motivación por aprender (Romero e Ignacio 2016); exclusión social, falta de empatía, pérdida de actitudes prosociales y predelincuencia (Cerezo, 2009); consumo de tóxicos entre ellos drogas, sobre todo alcohol y, conductas delictivas futuras (Álvarez-García et al., 2012).

Para las víctimas las consecuencias son especialmente nefastas, pudiendo desarrollar un cuadro psicopatológico complejo de difícil abordaje. En los adolescentes, entre los trastornos emocionales que aparecen se encuentran la depresión, ansiedad, culpa, miedo, irritabilidad, dificultades para dormir, baja autoestima, retraimiento social, conductas antisociales, fugas y uso de drogas (Fuller, Gulbraqndson y Herman-Ukasick, 2014; Nielsen y Einarsen, 2012). Las conductas autolesivas e ideas repetitivas de suicidio surgen cinco veces más que en el resto de los adolescentes. A largo plazo, menor adaptación, inseguridad, mayor aislamiento social, tendencia a dificultades con las parejas o comportamientos sexuales inapropiados (Dane et al., 2016), abuso de tóxicos (Gallo, Sauceda, Ruiz y Roque, 2011), mayor frecuencia de trastornos psicosomáticos y desórdenes alimentarios (Duarte, Pinto-Houveia y Stubbs, 2017), en casos extremos conductas destructivas o autolíticas (Cerezo, 2014; López-Soler, 2008). Todo ello repercute en sus resultados académicos, desarrollo escolar, habilidades sociales y bienestar psicológico de manera muy significativa.

Las consecuencias para los espectadores vienen de la mano de una desensibilización ante el sufrimiento del otro, sentimientos de culpa, miedo, insolidaridad, interiorización de conductas antisociales y de corte delictivo para conseguir algún objetivo (Díaz-Aguado, 2006).

Otra de las consecuencias del bullying es el estrés negativo o distrés. En función de la edad, la historia personal, el género y la genética, las consecuencias físicas y psicológicas del estrés en los diferentes actores del bullying variarán, pero será común a todos ellos la respuesta de estrés acompañado de sufrimiento, y el estrés intenso cronificado alterará la salud provocando una pérdida de la homeostasis (Gorrese y Ruggiere, 2012; Montañez, Verónica, Martínez y Amaury, 2015).

Tomados en su conjunto todos estos problemas de salud, se asemejan a la sintomatología característica del TEPT, por lo que se ha propuesto que el bullying puede derivar en TEPT (Nielsen *et al.*, 2015). En este sentido, existen varios estudios que correlacionan ser víctima de bullying con la presencia del TEPT en la adolescencia (Beckerman, N.L. y Auerbach, C. 2014; Crosby, Oehelr y Capaccioli, 2010; Da Silva y Keeler, 2017; Guzzo, Pace, Lo Cascio, Craparo y Schimmenti, 2014; Idsoe *et al.*, 2012; Mynard, Joseph y Alexander, 2000; Ranney *et al.*, 2016; Weaver, 2000).

Por su parte, Sigurdson, Undheim, Wallander, Lydersen y Sund (2015), en el estudio longitudinal que realizaron, encontraron, que todos los implicados en el bullying en la adolescencia mostraban mayores niveles de problemas mentales en la edad adulta, tanto internalizantes como externalizantes. Aunque las víctimas presentaban índices más altos en síntomas depresivos, los agresores-víctimas lo hacían en ansiedad, miedo y comportamientos de evitación en contactos sociales, así como en problemas internalizantes. Tanto agresores como víctimas habían reducido de manera notoria las actividades lúdicas. Además, llegaron a la conclusión que los escolares implicados en el bullying tenían mayor riesgo de ser hospitalizados por problemas relacionados con su salud mental.

Como consecuencia de los efectos que provoca el bullying, sobre todo en las víctimas, han aumentado considerablemente en los últimos años, el número de investigaciones que analizan esta situación y se han elaborado Programas de Prevención e Intervención tanto a nivel internacional como nacional para acabar con este fenómeno.

1.5. Programas de Intervención

A continuación, se describen brevemente algunos de los Programas de Intervención más relevantes internacionalmente y aquellos más aplicados en centros educativos españoles dirigidos a alumnos de ESO:

- El "Programa de Prevención del Acoso Escolar, de Olweus" (Olweus Bullying Prenvention Program). Desarrollado en Noruega, es el Programa más conocido y validado empíricamente. Este Programa está basado en estrategias grupales en el aula o intervenciones individuales (Olweus, 1993). Debido a sus buenos resultados surgieron versiones en diferentes países como Alemania, Bélgica, Estados Unidos, Inglaterra, Finlandia, Australia y Canadá.

- Recientemente, en Finlandia se ha creado el Programa KIVA (Saarento, Boulton, y Salmivalli, 2015), con buena acogida en varios países. Concede importancia a la participación, sobre todo de los espectadores como factor de prevención, y a una intervención sistémica.

- En España, el primer Programa de Intervención fue el Programa "Sevilla Antiviolencia Escolar" (SAVE; Ortega, 1997). Orientado a evitar el maltrato entre iguales desde el modelo ecológico, basado en que los alumnos con cierta sensibilidad social hagan de amigos y consejeros de las posibles o víctimas actuales del bullying. En su ampliación a toda Andalucía se creó el Programa ANDAVE (Díaz-Aguado, 2004).

- "Aprender a ser Personas y a Convivir" (Trianes y Fernández-Figarés, 2001). Con el objetivo de que adquieran competencias en el comportamiento y a nivel cognitivo, en la dirección de educarles en las relaciones interpersonales de calidad y pacíficas.

- El Programa CONVES. Programa para mejorar la convivencia escolar (García y Vaca, 2006). Con el objetivo de fomentar la convivencia y prevenir e intervenir en el bullying.

- El Programa CIP (Cerezo, Calvo y Sánchez, 2010), en la Universidad de Murcia. Con carácter sistémico e implicando a toda la comunidad educativa, tiene como objetivos favorecer el clima escolar; aumentar el control comportamental agresivo desarrollando estrategias de afrontamiento de las víctimas; fomentar actitudes prosociales y facilitar herramientas de detección e intervención precoz al profesorado.

Todos estos Programas tienen la finalidad de prevenir y reducir el bullying a través de la promoción de un clima social mejor en la clase. Sin embargo, de las evaluaciones realizadas a los Programas por diversos metaanálisis (Ferguson, San Miguel, Kilburn y Sánchez, 2007; Ttofi y Farrington, 2011), señalan que los resultados en las intervenciones no eran significativos, mostrando que los Programas influían más en las actitudes, en las autopercepciones y el conocimiento que en los comportamientos (Caballo *et al.*, 2011; Cerezo, 2016).

El problema del bullying, además, se ha intentado erradicar abordándolo desde al ámbito jurídico, tomandose medidas para su erradicación en el contexto educativo.

1. 6. Marco legislativo y consecuencias legales

Las disposiciones básicas desde las que plantear el tratamiento jurídico de este fenómeno se encuentran en la Convención de Derechos del Niño, en la que se encuentra la necesidad de especial protección del niño frente a toda clase de maltrato, en la legislación educativa y en la Constitución , además de en la Ley Orgánica de Protección Jurídica del Menor.

Fue en la Convención Internacional sobre los Derechos del Niño, aprobado por la Asamblea General de la Naciones Unidas en 1990 sobre acoso escolar, donde se estableció que los Estados podrían adoptar las medidas que fueran necesarias para velar por la disciplina escolar en compatibilidad con la dignidad del menor.

En el sistema educativo español, de todas las leyes educativas que han estado y están vigentes, ha sido la Ley Orgánica de Educación (LOE, 2006), inspirada en los principios basados en el respeto a las libertades y derechos reconocidos en la Constitución, que tiene como principal objetivo el mejorar la calidad de la educación en España, la que ha dado un impulso definitivo al tratamiento de la convivencia, al establecer la necesidad de llevar a cabo Planes de Convivencia en los Centros a través de la legislación correspondiente. Todos los Centros deben incluirlo en su proyecto educativo, así como concretar las normas que garanticen su cumplimiento (Reglamento de Régimen Interno). Son las Comunidades Autónomas las que establecen el marco regulador que permite a los Centros escolares elaborar su propio Plan de Convivencia.

En la Constitución Española (1978), se hace mención expresa a que son los Poderes Públicos los que tienen la obligación de asegurar la protección social, económica y jurídica de la familia y, dentro de esta, la de los menores de manera especial. Por ello y por la situación actual, se promulga la Ley de Protección Jurídica del Menor (1/1996).

En España, los derechos del menor vienen regulados por la Ley Orgánica 1/1996, de 15 de enero, de Protección Jurídica del Menor y de la modificación parcial del Código Civil y de la Ley de Enjuiciamiento Civil. En ella se reconoce el interés del menor por encima del interés superior.

Por su parte, la Ley Orgánica 27/2005, de fomento de la educación y la Cultura de la Paz, destina una serie de medidas en el contexto educativo y la investigación para establecer la Cultura de la Paz y la no violencia en la sociedad.

En La Ley Orgánica del derecho a la educación 8/1985 (LODE, 1985), se establece que es a los Consejos Escolares a quien corresponde resolver los conflictos e imponer sanciones disciplinarias teniendo en cuenta los derechos del menor.

A nivel más específico, el Real Decreto 275/2007 crea el Observatorio Estatal de la Convivencia Escolar para promover la construcción activa de un ambiente adecuado de convivencia. Es un órgano consultivo adscrito al Ministerio de Educación.

Por otro lado, desde el ámbito judicial, también se han dictado instrucciones sobre el tratamiento de la violencia o acoso escolar, elaboradas por la Fiscalía General de Estado en el ámbito de la justicia de menores.

Hoy en día, la convivencia en los centros educativos se encuentra regida por la Ley Orgánica 8/2013 para la Mejora de la Calidad Educativa (LOMCE). En su artículo 1 introduce como novedad la educación para la prevención de conflictos y su resolución pacífica, así como la no violencia en todos los ámbitos sociales, personales o familiares. La Ley reconoce al alumno derechos y deberes básicos, entre ellos el respeto a su integridad y dignidad personales, y a la protección contra la agresión física o moral, y el de respetar la intimidad, integridad y dignidad de todos los miembros de la comunidad educativa. En su artículo 120 fija la posibilidad de que sean los propios Centros los que establezcan normas de convivencia. La mejora en la calidad de la educación es una constante que se puede apreciar en todo el desarrollo de la LOMCE. Se reconoce la necesidad de educar para aprender a aprender durante toda la vida, con el objetivo de formarlo como un ser más autónomo, más responsable y solidario.

Las consecuencias legales del bullying pueden tener lugar tanto en el ámbito educativo, por su capacidad disciplinaria, como en el judicial de forma penal o civil. En el ámbito educativo, además de los Planes de Convivencia mencionados con anterioridad, al amparo de la Disposición 21ª de la LOMCE, el acoso o bullying, considerado infracción tipificada como falta muy grave, el Centro en última instancia puede expulsar al alumno-agresor de forma definitiva. De la misma manera, se establece, que los Centros prestarán especial atención a los alumnos víctimas de estos actos, y se facilitará la incorporación inmediata a otros Centros de aquellos que lo necesiten.

En 2005, la Fiscalía General fijó las bases y criterios de actuación de las instituciones o individuos en el sistema educativo para prevenir y erradicar el acoso escolar. Señalándose la necesidad, casi obligatoria de elaborar Programas para la detección y tratamiento del bullying por parte de los centros educativos; sin embargo, al no haberse desarrollado una Ley Estatal que defina el acoso escolar, sus manifestaciones, prevención y represión con responsabilidad penal, civil o administrativamente, la responsabilidad de los Centros quedaría concretada en una responsabilidad civil, tal vez, si no han diseñado Programas de Prevención que protejan al menor. En este sentido, algunas Comunidades, han puesto en marcha protocolos de acoso escolar, con medidas específicas para actuar de manera más rápida y proteger de forma eficaz a la víctima.

En la línea de los protocolos de actuación, la Subdirección General de Inspección Educativa, ha publicado una serie de medidas para intervenir en estos casos. Así, en relación a la víctima, la creación de Programas que refuercen su autoestima, Programas de apoyo entre compañeros, reuniones con la familia que orienten su actuación, atención individualizada en la clase y dinámicas de trabajo en grupo. En relación al agresor, dinámicas de trabajo en grupo, aplicación de Programas de comunicación y habilidades sociales, estrategias de modificación de conductas, diálogos de concienciación y reuniones con la familia para orientarles sobre su actuación. Además, existen también medidas organizativas, como cambios en la organización del aula, reorganización de horarios, incremento de la vigilancia en patios y pasillos, y acuerdos de actuación en el aula con el profesorado.

Dentro de las consecuencias judiciales, éstas, pueden ser solicitadas mediante denuncias o querellas. Por la vía penal, un solo acto de bullying puede constituir varios delitos, como lesiones, amenazas, coacciones, injurias, calumnias, agresiones y abusos sexuales, embaucamiento con fines sexuales (a menores de 16 años), homicidio doloso, imprudente o incluso asesinato; además, se ha introducido el nuevo delito de acoso, en aquellas conductas en las que se menoscaba la libertad y seguridad de la víctima, a la que se le ha sometido a vigilancia, persecución u actos de hostigamiento. Su castigo oscila con pena de prisión de 3 meses a 2 años o multa de 6 a 24 meses.

Las consecuencias penales para los acosadores quedan establecidas según su edad. Cuando se trata de un menor de 18 años, pero mayor de 14, se puede exigir responsabilidad penal y civil de acuerdo con el Código Penal, por el proceso penal de menores, regulado por la Ley Orgánica 5/2000, de 12 de enero, del Código Penal, reguladora de la responsabilidad penal de los menores (art.1). Si se trata de un menor de 14 años, y llega denuncia al Ministerio Fiscal, procede remitir testimonio del hecho a la dirección del Centro, en el que se han producido los abusos, para que, dentro de sus atribuciones, tome las medidas oportunas que pongan fin a los abusos denunciados y proteja a la víctima (sanciones, expulsiones o reuniones con padres y alumnos y seguimiento de la aplicación de las normas de convivencia).

Por la vía Civil, se busca la reparación del daño, e indemnización de daños y perjuicios causados. En este sentido, se puede exigir responsabilidad al Centro (profesor), a los padres del menor o a la Administración.

Por culpa o negligencia in vigilando del profesor o de los padres (art. 1903 CC). En el caso del profesor, los responsables del Centro escolar han de responder al no adoptar las medidas que eviten, palíen o erradiquen esta situación de bullying (derivada por la existencia de culpa por parte del profesor en la no vigilancia de los alumnos). El Centro podrá exigir, en su caso, al profesor, responsabilidad individual por este hecho. Los padres, igualmente, fundamentada en la existencia de culpa, en la no vigilancia de sus hijos o custodios, son responsables de los daños y perjuicios causados por actos ilícitos de sus hijos. También, puede exigirse responsabilidad civil subsidiaria (civil y penal), por la comisión de un delito, fruto de la acción civil derivada de un acto ilícito criminal.

Por vía Administrativa, la Administración educativa, como titular de los centros educativos públicos, puede incurrir en responsabilidad por daños derivados del bullying. Además, al ser un servicio público, también se le puede exigir responsabilidad patrimonial.

Todas estas necesidades justifican el interés que se le viene dando a la educación en general y a la etapa de la ESO en particular, como etapa intermedia y de acceso a la educación postobligatoria.

1. 7. Educación Secundaria Obligatoria

La preocupación por la educación sigue siendo una constante en los tiempos actuales, sobre todo, por los bajos resultados académicos obtenidos por los alumnos. La ESO, en concreto, es una etapa muy importante, en la que se pretende al amparo de la LOMCE (2013), formar a individuos, respetuosos, conocedores de sus derechos y capaces de defenderlos. En este sentido, la ESO queda estructurada y organizada de la siguiente manera:

Con la actual LOMCE (2013) que modifica la LOE (2006), el sistema educativo incorpora como novedades, la Formación Profesional Básica y los Programas de Mejora del Aprendizaje y del Rendimiento (PMAR). En su estructura, la Educación Básica queda dividida en Educación Primaria y Educación Secundaria. Esta última, a su vez, está integrada por la llamada ESO, de carácter obligatorio y la Educación Secundaria Postobligatoria, con el Bachillerato y la Formación Profesional de grado medio.

De esta manera, la ESO está formada por cuatro cursos divididos en dos ciclos. El primer ciclo comprende los tres primeros cursos, y el segundo ciclo incluye cuarto curso con un marcado carácter preparatorio. Las edades que comprenden esta última etapa obligatoria, abarcan desde los 12 años hasta los 16 años, pudiendo ampliar la edad de permanencia hasta los 18 años.

La ESO y el Bachillerato agrupan sus asignaturas en tres bloques: 1) Troncales, 2) Específicas y 3) de Libre Configuración Autonómica. Dentro del bloque de asignaturas específicas se permite a las Administraciones Educativas establecer los contenidos propios del currículo de las materias, así como conformar su oferta, pudiendo ofrecer asignaturas con diseño propio dentro de las de Libre Configuración.

Según el Real Decreto 1105/2014, de 26 de diciembre, por el que se establece el currículo básico de la ESO y el Bachillerato, para poder adquirir de forma eficaz las competencias y su integración en el currículo, deberán diseñarse actividades de aprendizaje integradas, para que los alumnos puedan avanzar en la adquisición del aprendizaje de varias competencias al mismo tiempo. Una de sus competencias es "aprender a aprender", la cual requiere el conocimiento y control de los propios procesos de aprendizaje, para realizarlos en el tiempo requerido, y las demandas, para realizar las tareas que conducen al aprendizaje. En su artículo 3 (apartado "d") de dicho Real Decreto, los centros docentes podrán diseñar e implantar métodos pedagógicos y didácticos propios.

Esta competencia, a tenor de la Orden ECD/65/2015 de 21 de enero, por la que se describen las relaciones entre los contenidos, competencias y criterios de evaluación en la ESO, incluye una serie de destrezas que precisan de la reflexión y la toma de conciencia de los propios procesos de aprendizaje, incluyendo los conocimientos sobre los procesos mentales implicados en el aprendizaje. Además, esta competencia integra el conocimiento que posee los alumnos sobre su propio proceso de aprendizaje.

La LOMCE (2013) entiende que el éxito educativo depende tanto del ajuste de las enseñanzas cursadas como de la capacidad e interés de sus alumnos, de ahí que se muestre interesada en ofrecer diferentes trayectorias para que sus alumnos alcancen el 4º curso y puedan graduarse. En este sentido, desempeñan un papel fundamental los PMAR para los alumnos con dificultades de aprendizaje, no atribuible, ni a la falta de estudio ni al esfuerzo. Si contemplamos el Artículo 19 de dicho Real Decreto, a partir de segundo curso de la ESO, se debe utilizar una metodología específica con la organización de contenidos, actividades prácticas y, si procede, de materias diferentes a las de carácter general.

En su Disp. Adic. 41ª, en materia de acoso escolar, se orienta en este sentido para que el derecho a la educación se produzca; se hace necesario que otros derechos también se cumplan (derecho a la promoción, a una cultura de la paz y a la no violencia), estableciéndose, que, en el currículo de la Educación Básica se tendrá en consideración la prevención y resolución pacífica de conflictos en todos los ámbitos de la vida.

2.

Trastorno de Estrés Postraumático

2.1. Características clínicas

Según la APA (2014), en el DSM-5, la característica central del TEPT es la aparición de síntomas específicos tras un evento traumático. Estos eventos traumáticos pueden haberse experimentado de forma directa como víctima u observador (guerra, desastres naturales, agresión sexual o física...) o de forma indirecta, de forma aprendida (accidentes graves, suicidio o experiencias que afectan a personas cercanas). También incluye la exposición extrema y repetida como trabajos que conlleven la recogida de restos humanos; sin embargo, excluye la exposición a través de medios de comunicación excepto que estén relacionados con el trabajo, así como situaciones estresantes del día a día (divorcio, enfermedad médica, etc.), salvo en el caso de las causas medicas provenientes de un hecho catastrófico o repetitivo como puede ser el despertar de una cirugía o un choque anafiláctico. El trastorno puede ser grave, o de larga duración, cuando la causa es un evento de origen relacional e intencionado (tortura sexual, violencia...), y afecta a todas las edades (APA, 2014).

Respecto a los síntomas, en esta nueva edición se ha eliminado el aspecto de subjetividad, por considerar que el malestar psicológico generado varía con las personas. Así, las consecuencias de uno o más de los eventos traumáticos han de conllevar un sufrimiento psicológico persistente que no cesa con fármacos, alterando la calidad de vida, expectativas personales y sociales del individuo. Para que se pueda hablar de un evento como estresante ha de generar un malestar psicológico que produzca una respuesta física y comportamental duradera más allá de un reequilibrio homeostático del cuerpo, produciendo las patologías postraumáticas (APA, 2014).

Cuando un niño o adolescente experimenta un suceso traumático, frecuentemente, presenta respuestas psicológicas inmediatas. Estas reacciones peritraumáticas vividas en el momento del trauma o inmediatamente después, se han considerado como fuertes predictores en la aparición del TEPT en adultos (Ozer, Best, Lipsey y Weiss, 2003). Son dos las reacciones descritas: 1) La angustia (como medida de intensidad del TEPT), considerada como la reacción emocional (frustración, tristeza, miedo, culpa, pensamientos de muerte, preocupación por los demás...) y física (pérdida de control intestinal...) que se experimentan; y, 2) La Disociación, referida a las alteraciones en la experiencia del lugar, persona y tiempo durante o inmediatamente después del evento traumático (Bui *et al.*, 2017).

2.2. Criterios diagnósticos

Estas primeras respuestas psicológicas al trauma vienen especificadas tanto en la 10ª edición de la Clasificación Internacional de Enfermedades (CIE-10, 2000) como en el DSM-5 (APA, 2014), bajo el nombre de *Trastorno por Estrés Agudo* (TEA) (si los síntomas remiten en un mes) o TEPT (si los síntomas persisten por encima de un mes). No obstante, según el DSM-5, alrededor de la mitad de los casos de TEA desarrollan un TEPT (APA, 2014). Se seguirán los criterios diagnósticos del DSM-5 porque las investigaciones se han centrado principalmente en estos criterios.

Tanto para el TEA como para el TEPT, según el DSM-5 (APA, 2014), es necesaria la exposición a un evento traumático (muerte real, amenaza de muerte o lesiones, graves amenazas o amenaza de violación sexual). Para el TEA, han de concurrir un mínimo de 9 de sus 14 síntomas en algunas de las formas tipificadas. En el caso del TEPT, 8 son los criterios diagnósticos para el TEPT en adultos y mayores de 6 años (APA, 2014), para más detalles de ambos criterios (ver Apéndice 3).

En referencia a los síntomas disociativos para TEPT, el DSM-5 (APA, 2014) recoge que las personas con Disociación son diferentes a las que sólo presentan TEPT. En este caso, cabría la posibilidad de un subtipo de Disociación relativo al TEPT cuya existencia cada vez cobra más fuerza, asociado a una mayor comorbilidad, al abuso sexual y al bullying en la infancia. En este sentido, hay Disociación cuando existen alteraciones o fragmentos de las funciones integradas de la conciencia (memoria, identidad, percepción de uno mismo y del entorno). Ésta figura asociada a la existencia de eventos traumáticos intensos o repetidos, puede desaparecer con el tiempo o permanecer en algunas personas (Bados, 2017).

2.3. Síntomas

El TEPT se compone de cuatro síntomas principales en el actual DSM-5 (APA, 2014), como consecuencia a un evento traumático que el individuo ha experimentado, presenciado o le han informado, y al que ha reaccionado con terror o indefensión de manera intensa, entre los que se encuentran: 1) Reexperimentación (por ejemplo, a través de sueños recurrentes, flashbacks, pesadillas, etc.); 2) Conductas evitativas (de situaciones que le recuerdan el evento); 3) Aumento de la reacción y activación psicofisiológica (por ejemplo, estado permanente de alerta); y, un cuarto añadido recientemente 4) Alteraciones cognitivas negativas como pérdida de interés general, expectativas negativas persistentes, culpa, estado de ánimo negativo, desapego e incapacidad por experimentar emociones positivas (Echeburúa, Amor, Muñoz, Sarasua y Zubizarreta, 2017).

Sin embargo, en los niños y adolescentes se ha encontrado que dichos síntomas pueden variar, y manifestarse a través de: comportamientos desestructurados o agitados, con síntomas físicos, sueños terroríficos, pesadillas; conductas repetitivas, a través de juegos simbólicos o narrativa del evento producto de su reexperimentación; y, disminución de intereses, con falta de atención, retraimiento, inquietud y dificultades para dormir (Dyregrow y Yule, 2006; López-Soler, 2008).

2.4. Comorbilidad

Según las cifras provenientes de Estados Unidos, un 80% de las personas con TEPT presentan trastorno de ansiedad, depresión o uso y abuso de sustancias tóxicas (Foa, Keane y Friedman, 2003). En la adolescencia son frecuentes el problema de control de impulsos y las conductas antisociales (Resick y Miller, 2009), así como una relación directa entre el TEPT e intentos de suicidio (Bados, 2017; Panagioti, Gooding, Triantafylloy y Tarrier, 2015).

Frente al TEPT, que requiere que los síntomas se den durante mínimo un mes, el TEA se diagnostica en el primer mes. Además, para el diagnóstico de TEPT se requiere la presencia de mínimo 6 síntomas en sus manifestaciones de reexperimentación, evitación, alteraciones negativas e hiperactivación, mientras que en el TEA sólo se requieren 9 de los 14 síntomas (Bui *et al.*, 2017).

En el caso de los trastornos de adaptación, aunque es necesaria la presencia de un suceso estresante, no necesariamente tiene que ser traumático y ha de deberse a otro trastorno.

En el caso de los trastornos de ansiedad (incluidos, pánico, ansiedad social y generalizada), aunque coinciden en la presencia de síntomas de evitación e hiperactivación, en el caso de TEA o TEPT, el hecho ha de girar en torno a la existencia de un hecho traumático y la reexperimentación de las imágenes y emociones del trauma.

Un episodio depresivo mayor fruto de un suceso estresante, puede incluir insomnio, dificultades de concentración, desapego o retraimiento social, semejantes a las del TEPT; sin embargo, en la depresión no habrá reexperimentación del evento traumático o evitación de estímulos que recuerdan al trauma (Bui *et al.*, 2017).

Siguiendo a Prieto (2015), esta comorbilidad dentro del TEPT inclinó a pensar en la necesidad de la creación del llamado *Trastorno de Estrés Postraumático Complejo* (TEPTC), dentro de la categoría del Trastorno por Estrés Extremo No Especificado (*Disorders of Extreme Stress Not Otherwise Specifieed, DESNOS*).

En este orden de ideas, el bullying se diferencia de otros maltratos al ser de tipo recurrente y crónico, por lo que ha sido incluido dentro de la categoría de traumas complejos. Sus síntomas, relacionados con una desregulación emocional y dificultades de relación personal, en los adolescentes pueden quedar reflejados en conductas agresivas, consumo de sustancias y conductas de riesgo como conducir peligrosamente o relaciones sexuales sin protección (Maecker y Perkonigg, 2013). En este sentido, Van der Kolk (2005) considera que sería necesario crear un nuevo diagnóstico, *Trastorno del Trauma del Desarrollo (Developmental Trauma Disorder, DTD)*, por considerar que los síntomas procedentes de la violencia interpersonal no quedan correctamente recogidos dentro del DSM-5 (APA, 2014), pues la falta de seguridad, confianza y vulnerabilidad, experimentadas, afectan gravemente al desarrollo de su personalidad. No obstante, por falta de consenso entre los diferentes autores, dichos diagnósticos, no fueron incluidos en el DSM-5 (APA, 2014).

2.5. Factores de riesgo

Los factores de riesgo principales están relacionados con la edad (mayor vulnerabilidad en infancia y adolescencia), el sexo (mayor prevalencia en mujeres que en hombres), la raza, la personalidad, la gravedad del evento, los antecedentes psiquiátricos, los factores genéticos y socioeconómicos, la presencia de daños cerebrales, etc. (Marín, Iodice, Villegas, 2017; Seijas, 2013).

En concreto, del metaanálisis realizado de 64 estudios por Trickey, Siddaway, Meiser-Stedman, Serpell y Field (2012), se desprende, que los adolescentes presentan mayor riesgo de presentar un TEPT cuando se dan en orden de importancia los siguientes síntomas: 1) Tras el trauma (suprimir los pensamientos, el mayor nivel de síntomas postraumáticos, la presencia de culpa por parte de los otros o la distracción, un funcionamiento familiar no favorecedor, comorbilidad y retraimiento social, amenaza percibida, miedo y bajo apoyo social); 2) Las variables demográficas (baja inteligencia o nivel económico, sexo femenino, pero no menor edad); 3) Factores pretrauma (baja autoestima, eventos vitales, problemas psicológicos de los padres o propios); 4) Las características del trauma (gravedad, pérdida y menor espacio de tiempo desde el trauma); y, 5) Factores postrauma - exposición a medios tecnológicos - (Bados, 2017; Buit *et al.*, 2017).

2.6. Consecuencias

Las consecuencias clínicas y psicopatológicas del TEPT están relacionadas con la incapacidad del organismo para restablecer su misma situación de homeostasis previas al trauma (Coelho *et al.*, 2010).

El TEPT tiene consecuencias muy negativas, como sentimientos de culpa por acciones, pensamientos o sentimientos sobre lo que se hizo o no se hizo (Pugh, Taylor y Berry, 2015), o problemas diversos, sobre todo en los procedentes de traumas relacionales, como alteración del afecto, alteraciones en el comportamiento, autolesiones, síntomas disociativos, quejas psicosomáticas, sentimientos de inutilidad, desesperación, ideas suicidas, pérdida de creencias sobre la seguridad o confianza en los demás, retraimiento social, hostilidad, sentimientos constantes de amenaza, cambios en la personalidad, uso y abuso de sustancias, etc. ; además de alteraciones en las relaciones familiares, sociales y laborales (Bados, 2017).

Por otro lado, estudios neurobiológicos y de neuroimagen han demostrado que los traumas, y en concreto el TEPT, pueden afectar a diferentes zonas del cerebro, pudiendo interferir en la expresión genética (Hoffman, Lorson, Sanabria, Foster Olive y Conrad, 2014) y en la liberación de corticoides al organismo (Belda, Fuentes, Daviu, Nadal y Armario, 2015; Ordjan, Pivina, Mironova, Rakitskaia y Akulova, 2014), con afectación del desarrollo en niños y adolescentes.

El TEPT también altera los circuitos cerebrales afectando a la memoria y capacidad de aprendizaje (Gafford y Ressler,

2015), a las funciones cognitivas, como la atención y las funciones ejecutivas, influyendo en el razonamiento abstracto, la memoria de trabajo, la flexibilidad mental, la inhibición de estímulos y la planificación anticipada (Verdejo-García y Bechara, 2010).

Debido a la hiperactividad del sistema nervioso, aumento de la presión arterial, frecuencia cardíaca y de la conductancia de la piel; reducción plaquetaria (Taft, Watkins, Stafford, Street y Monson, 2011); y, presencia de aturdimiento (Bali, Randhawa y Jaggi, 2015).

Sin un tratamiento adecuado adquirirá un carácter crónico cuyos síntomas pueden permanecer sin un buen tratamiento desde los 3 meses a los 50 años, siendo muy difícil una curación espontanea (Bados, 2017).

EMDR EN VÍCTIMAS DE BULLYING

EMDR EN VÍCTIMAS DE BULLYING

3.

Desensibilización y Reprocesamiento por Movimientos Oculares (EMDR)

3.1. Características

La característica fundamental de la Terapia EMDR es la Estimulación Bilateral (EB), realizada con el movimiento transversal o de arriba hacia abajo de los dedos de la mano del psicólogo y el seguimiento de los ojos con movimientos oculares (MO) del paciente, fundamentalmente, aunque también se puede realizar de forma auditiva y/o táctil (*tapping*). Basada en que la experiencia está constituida por emociones y sentimientos, y que genéticamente el ser humano conserva respuestas, el lenguaje pasa a segundo plano y la terapia puede ser usada en edades preverbales o incluso en experiencias intrauterinas (Rojas, 2017).

En un principio llamada *Eye Moviment Desensitizatión* (EMD), fundamentada en la disminución de la ansiedad tras el movimiento sacádico de los ojos, posteriormente, recibió el nombre actual al comprobar que el reprocesamiento de la experiencia traumática era la clave de la técnica, tras evidenciar en personas traumatizadas (veteranos de guerra del Vietnam y víctimas de abusos sexuales) que no sólo se producía una desensibilización, sino también una reestructuración cognitiva de los recuerdos, disminuyendo los síntomas del TEPT, ayudándose de la EB (Zapata, 2017).

El método EMDR es una terapia integradora que contiene elementos de diversos modelos terapéuticos: del psicoanálisis, la libre asociación y expectativas del pasado; de las terapias cognitivo-conductuales, la centralidad en las creencias negativas y procesamiento de información; de la terapias humanistas y fenomelógicas, el concepto de evaluaciones positivas y negativas; de la sensibilización sistemática, la exposición a las imágenes traumáticas; y, además, las estrategias de estabilización de la relajación progresiva, la autohipnosis, la meditación y la biorretroalimentación (Lupo, 2015).

3.2. Mecanismos de acción

Como se ha comentado con anterioridad, su funcionamiento no queda del todo claro, aunque sí existen varios mecanismos implicados en su actuación, que hacen que la terapia sea una técnica innvadora en el tratamiento del TEPT.

Uno de los mecanismos básicos del modelo EMDR está basado en un enfoque dual de la atención al evento traumático, por un lado, y a los MO, por otro. En este sentido, el paciente se sitúa en una posición de observador y partícipe de su propia experiencia, manteniendo la atención al mismo tiempo en el pasado (evento traumático/interno) y en el presente (contexto/externo), lo que favorece su control y aumento de su sensación de seguridad. El psicólogo habrá de mantener esta doble atención para que se produzca la integración de la experiencia y no se bloquee el proceso o se produzca una retraumatización (Lupo, 2015).

Otro de los mecanismos de acción está centrado en la activación del PAI. Su modelo teórico basado en este sistema, considera que existe un continuum en el procesamiento de la información y la asociación de los recuerdos, en la que todos los seres humanos estaríamos preparados para, de forma adaptativa, llegar a la salud mental (Zapata, 2017).

Sin embargo, cuando la persona experimenta eventos especialmente impactantes o reiterados se producen cambios fisiológicos (aumento del sistema simpático, activación de las hormonas del estrés), cambios emocionales (culpa, miedo, ira), conductas impulsivas y pensamientos distorsionados que interrumpen el procesamiento de la información (amnesia de disociación). Lo que no se procese por el PAI queda almacenado como recuerdo traumático (en forma de imágenes, pensamientos, emociones o sensaciones) de forma fragmentada y no integrada (en la memoria a corto plazo/sistemas motores/neuro-redes) en su forma original, disfuncionalmente, no entrando en contacto con información positiva, pero sí por asociación, con información negativa, recreando respuestas originales, pasando el pasado a formar parte del presente cuando el material se activa con estímulos internos o externos del presente en forma de imágenes retrospectivas (flashbacks) o recuerdos, pensamientos intrusivos, pesadillas, conductas de evitación o aumento de ansiedad. Esto provocará un conflicto entre el sistema interno y externo de la persona (Coubard, 2014), que se manifestará a través de reacciones desadaptativas o cambios permanentes de personalidad. El estrés, generado por el trauma, se cronificará, si perdura en el tiempo (Rojas, 2017; Solomon y Shapiro, 2014).

En este sentido, el método EMDR puede favorecer la vuelta al organismo a su estado fisiológico homeostático, bajando la activación del aurosal. Esto tendría lugar cuando el psicólogo, tras pedirle al paciente que traiga a la mente el evento traumático, al mismo tiempo realiza EB. Así, la información perturbadora aislada entraría en contacto con redes adaptativas, produciendo una cognición positiva, pudiéndose generalizar a todo el sistema de redes neuronales por el mecanismo de interconexión cerebral a través de ondas cerebrales. La información resultante quedaría integrada a esquemas positivos de pasado, presente y futuro (Chen *et al.*, 2015). El resultado del PAI es el aprendizaje, el alivio del malestar emocional y físico y la posibilidad de la integración de respuestas adaptativas. Este modelo teórico será el que guíe los procedimientos y protocolos de actuación del método EMDR (Marín *et al.*, 2017; Zapata, 2017).

El método EMDR realiza su actuación a través del mecanismo del enfoque de *tres vértices*, donde el orden del procesamiento es importante para la conceptualización y planificación del tratamiento, y por ello se ha de tener en cuenta la secuencia en la que se han codificado las redes de memoria. Sin embargo, el abordaje difiere cuando nos encontramos ante un trauma "T" (simple) o ante un trauma "t" (complejo).

De esta forma, Shapiro diferencia dos tipos de trauma, denomina trauma *"T"* [trauma/simple/evento único (varios)] a aquellas experiencias traumáticas con peligro para la vida que suelen causar TEPT, y trauma "*t*" (complejo/experiencias adversas de vida) a aquellas experiencias de vida adversas que por su reiteración pueden provocar un "T" (por ejemplo, el acoso escolar o laboral). Cualquier tipo de trauma es objeto de blanco terapéutico para ser procesado (Marín *et al.*, 2016; Rojas, 2017).

Ante un trauma "T", el proceso irá encaminado como si se tratara de un evento único, con el Protocolo Estándar, a la reducción del síntoma. Se procesarán primeramente las experiencias del pasado relacionadas con síntomas del presente, pues es donde se encuentran las redes de memoria disfuncionales que provocan el síntoma. A continuación, se procesarán las situaciones y disparadores internos y externos actuales, junto a creencias y memorias alimentadoras.

Finalmente, se prepara al paciente para situaciones futuras relacionadas con el mismo tipo de estímulo y circunstancias presentes, con el fin de acelerar el aprendizaje de actitudes nuevas, más adaptativas, y la adquisición de recursos (Lupo, 2015). Se trataría de los casos en los que Shapiro afirma que con 3 sesiones de 90 minutos se procesaría el trauma. Para traumas "t", el abordaje será integral, alterando el Protocolo Estándar. Se aumentarán el número de sesiones (antes incluso de la primera fase) para asegurar una mayor estabilización y se comenzará por el presente antes de ir al pasado (Rojas, 2017).

3.3. Hipótesis explicativas

Siguiendo a Zapata (2017), son varias las hipótesis que intentan explicar por qué este modelo es eficaz, y en concreto el efecto provocado por los MO. De las principales hipótesis se desprende lo siguiente:

- **Hipótesis de la Memoria de trabajo**: según la cual, la pérdida vivencial y emocionalidad del recuerdo doloroso se explicaría al competir dos actividades cognitivas diferentes al mismo tiempo, la actividad (MO, tetris, dibujo complejo o aritmética) y la evocación; y su perdurabilidad, por el realmacenamiento del recuerdo (Maxifield, Melnyk y Hayman, 2008; Van Den Hout y Engelhard, 2012).

- **Hipótesis de la Respuesta de Orientación**: expuesta por el fisiólogo ruso Iván Pavlov, está basada en la atención que se dirige hacia estímulos novedosos y significativos (MO) que inhibirían la respuesta condicionada de la memoria traumática, provocando una respuesta alternativa de extinción de la consideración de peligro. Investigaciones (Elofsson, von Schèele, Theorell, y Söndergaard, 2008), corroboran que los MO provocan relajación, con disminución de la frecuencia cardiaca y de la conductancia de la piel, lo que facilitaría el proceso de atención y procesamiento.

- **Hipótesis del ciclo REM**: aunque defendida por un solo autor (Sickgold, 2002), en la actualidad nadie la ha rebatido. Postura basada en la similitud entre el MO y la rapidez del movimiento de los ojos en la fase REM del sueño, donde se produce una integración de las memorias episódicas (memoria se los eventos) en redes de memoria semántica (memoria conceptual), dando lugar a los aprendizajes significativos. En este sentido, los pacientes con TEPT, que con sueños intrusivos no pueden entrar en fase REM, no pueden integrar esos recuerdos, mientras que tras los MO (REM en estado de vigilia) se produce la integración, y la extinción de la dificultad para dormir.

Además, también tienen en común las asociaciones lejanas y débiles que se producen en ambos estados, propiciada en EMDR por la apelación al paciente para que deje su mente fluir hacia cualquier imagen que aparezca, en pro de asociaciones libres. En este aspecto, se diferencia de la exposición, en que el paciente debe dejar fija la atención en una imagen dolorosa, con una más larga exposición y sin asociaciones.

– **Hipótesis neurobiológicas**: los investigadores, Christman, Garvey, Propper y Phaneuf (2003), sugieren que la evidencia en la existencia de disfunción en la interacción interhemisférica de las personas con TEPT, se vería favorecida por el aumento de la interacción de los hemisferios cerebrales tras la EB y con ello la memoria episódica. Por su parte, Bergmann (2000) manifiesta que la EB al activar el lóbulo frontal facilitaría la integración de los recuerdos traumáticos en memorias generales, y al activar el tálamo, la integración reparada de las funciones cognitivas, emocionales, memorística y la sincronización interhemisférica dañada en los casos de TEPT.

3.4. Evidencia empírica e indicaciones clínicas

De la revisión literaria realizada sobre la evidencia de EMDR, se desprende que es una de las terapias más investigadas en el campo del trauma, cuya validez se evidencia en 38 Esutdios Aleatorios Controlados (ECA) y 8 metaanálisis, algunos de ellos independientes (EMDR Humanitarian Assistance Programs, 2016; Jarero, Rake y Givaudan, 2017).

También ha sido validada en presencia de otras patologías, o sin TEPT, sumando en total, aproximadamente, unos 60 ECA. Existen también, por otra parte, estudios cuasiexperimentales y de casos (Marín *et al.*, 2016).

Si bien su evidencia en adultos está bien asentada, es en la última década cuando ha aumentado el número de estudios que avalan su eficacia en la población infantojuvenil, con 9 ECA y confirmación posterior con 4 metaanálisis, en su mayoría independientes (Brown *et al.*, 2017; Diehle *et al.*, 2014; Moreno-Alcázar *et al.*, 2017; Rodenburg *et al.*, 2009), en este último, encontraron que EMDR era algo más efectiva que la TCC.

Su evidencia empírica se encuentra en los primeros ECA, enfocados sobre todo a la evidencia del método en el tratamiento del trauma simple en adultos, donde se obtuvieron los mejores resultados, con mejorías en la remisión de los síntomas de hasta un 83% en 5 sesiones, manteniéndose los resultados hasta 3 años después del tratamiento (Högberd *et al.*, 2007).

Siguiendo a Marín *et al.* (2016), en estos primeros ECA en comparación con otras terapias, no se encontraron diferencias en los resultados con la Exposición Prolongada (van den Berg *et al.*, 2015), la Relajación muscular (Stapleton, Taylor y Asmundson, 2006) ni con la Exposición Imaginada (Johnson y Lubin, 2006). Algunos estudios muestran la superioridad de la TCC-CT ante EMDR (Devilly, 2001), frente a otros estudios que exponen la eficacia de EMDR ante otras técnicas eclécticas (Tarquinio *et al.*, 2012) y mejorías de la sintomatología más rápidas que los tratamientos farmacológicos (Arnone, Orrico, d´Aquino y Di Munzio, 2012) o la TCC-CT (Nijdam, Gersons, Reitsma, de Jongh y Olff, 2012).

Los ECA posteriores también obtuvieron resultados positivos en la aplicación de EMDR a pacientes, que además del TEPT presentaban otras patologías, como crisis mioclónicas (Silver, Rogers y Russell, 2008), síndrome de Asperger (Kosatk y Ona, 2014), Psicosis (van den Berg y van der Gaag, 2012). En este último caso, se obtuvieron interesantes resultados, con cambios importantes favorables en su sintomatología traumática, depresiva, ansiosa, alucinaciones auditivas y mejora en su autoestima, hallazgos que han sido corroborados por estudios posteriores (Laugharne, Marshall, Laugharme y Hassard, 2014).

Además, también es efectiva en pacientes sin TEPT (t/experiencias adversas de vida), en diversas patologías, sola o combinada con otras terapias, como la ansiedad de evaluación (Maxfield y Melnyk, 2000), disminución del nivel de preocupación y miedo a la evaluación negativa, trastornos bipolares (Novo *et al.*, 2014); dolor crónico (Mazzola *et al.*, 2009), trastorno obsesivo compulsivo (Marsden, Z., Lovell, K., Blore, D., Ali, S. y Delgadillo, J. (2017), en casos de depresión

(Hase *et al.*, 2015) en adicciones al alcohol (Abel y O´Bien, 2010) a Internet en adolescentes (Bae y Kim, 2012) y en problemáticas complejas junto con TCC (Herbert, 2002).

Aunque el método en sus inicios también fue aplicado a la población infantil a partir de los 11 años, el primer ECA en niños se publica en el 2002 (Chemtob, Nakashima y Carson, 2002), con resultados positivos en la disminución de su sintomatología traumática, mantenidos a los 6 meses; con mejoras en algunos cambios conductuales (ansiedad, depresión, menos visitas a enfermería del colegio y autoestima negativa) que se mantuvieron tres años y medio después, confirmado por estudios posteriores (Kemp, Drummond y McDermott, 2010).

Diferentes ECA en población infantojuvenil (Ahmad, Larsson y Sundelin-Wahlsten, 2007; de Roos, Greenwald, den Hollander-Gijsman, Noorthoorn, van Buuren y de Jongh, 2011; Diehle *et al.*, 2015; Wadaa, Zharim y Alqashan, 2010; Kemp, Drummond y McDermott, 2010) hallaron también una disminución de la sintomatología del trauma y reducción significativa en los síntomas de ansiedad y depresión comórbidas, así como en cambios comportamentales.

También ha demostrado su validez para intervenciones grupales con ayuda humanitaria en niños y adolescentes (Tang, Yang, Yen y Liu, 2015) supervivientes de catástrofes, siendo considerada como una terapia eficiente, eficaz y efectiva (Colelli y Patterson, 2008; Maxfield, 2008; Shapiro, 2014), verificada por el metaanalisis independiente de Brown *et al.* (2017), lo que propició el desarrollo de diferentes protocolos adaptados a estas situaciones: Protocolo de Tratamiento Grupal Integrativo de EMDR (EMDR-IGTP); Protocolo de EMDR para Incidentes Críticos Recientes (EMDR-PRECI); Protocolo Individual de Terapia EMDR para uso de Paraprofesionales en situaciones de Trauma Agudo (EMDR-PROPARA); y, el Protocolo Fusionado con Técnicas Hipnóticas, Eye Closure Eye Movements -ECEM- (Moreno-Alcázar *et al.*, 2017).

Su eficacia en la población, sólo para adolescentes, se refleja en los siguientes tres ECA encontrados, donde el primero se correspondería con un trauma "T", ajustado al criterio A del DSM-5 (APA, 2014), y los dos siguientes con un trauma "t" o experiencias de vida adversas:

1) El realizado por Jaberghaderi, Greenwald, Rubin, Dolatabadim y Zand (2004), a 14 adolescentes iraníes escolares (12-13 años) que habían sufrido abusos sexuales. Tanto el tratamiento recibido con TCC-CT o EMDR fueron efectivos, aunque EMDR fue significativamente más eficaz (requirió 6,1 sesiones frente a 11,6 en TCC-CT) para conseguir los mismos resultados; permitiendo la recuperación de los efectos psicológicos de la violación, como mostraron los diferentes autoinformes e informes (a las 2 semanas del tratamiento) de padres y profesores, relativos a la angustia. Los resultados también mostraron mejorías significativas en el comportamiento, en hiperactividad, comportamientos antisociales y problemas relacionales.

2) El ECA de Soberman, Greenwald y Rule (2002), analizaron a 29 adolescentes con trastornos de conducta expuestos a múltiples traumas, quienes recibieron TCC-CT (grupo control) o TCC-CT más 3 sesiones de EMDR. En este último, a los 2 meses, se produjeron reducciones significativas en la angustia relacionada con la memoria, la sintomatología traumática y

mejoras comportamentales frente al grupo control que sólo mostró una ligera mejoría.

3) Finalmente, en el ECA de Farkas, Cyr, Lebeau y Lemay (2010), 40 adolescentes de instituciones protegidas, con problemas de conducta, externalizantes e internalizantes, expuestos a eventos traumáticos, mostraron mejoras significativas con EMDR en síntomas traumáticos y comportamentales, mantenidos los efectos a los 3 meses, frente al grupo control o grupo con *MASTR* (*Motivation Adaptive Skills Trauma Resolution*). Las mediciones se realizaron a través de Cuestionarios de Autoinforme y Entrevistas Semiestructuradas a los participantes, padres o cuidadores en pretratamiento, durante y postratamiento.

En este sentido, siguiendo a Solomon y Shapiro (2014), esto explicaría que no solamente los traumas que cumplen con el criterio A del DSM-5 (APA, 2014) impactan en el comportamiento, emoción o pensamiento, sino también experiencias negativas reiteradas e intensas, como puede ser el acoso escolar. Serían, de esta manera, los casos resueltos, como el dolor del miembro fantasma (Russell, 2007), el síndrome de respuesta olfatoria (McGoldrick, Begum y Brown, 2008) o la activación sexual anormal (Ricci y Clayton, 2008).

No se ha encontrado evidencia directa de la efectividad de EMDR en adolescentes con TEPT en situaciones de bullying o acoso escolar, sino de forma indirecta como se ha mostrado anteriormente.

Finalmente, señalar, que los estudios de imagen independientes, reflejan, que tras la actuación de EMDR, la equiparación de la actividad de ambos hemisferios con ondas cerebrales (Chen *et al.*, 2015) permite realizar la narrativa completa del trauma, la integración y disminución del mismo (Lee y Cuijpers, 2013).

4.

Tratamientos psicológicos empleados en la literatura

Según las guías internacionales de tratamiento (TEPT; Foa, Keane, Friedman y Cohen, 2005; Organización Mundial de la Salud, 2013), la Terapia de Exposición Prolongada, la Terapia de Procesamiento Cognitivo, la TCC-CT y la Terapia EMDR son terapias con demostrada evidencia y de primera línea en el tratamiento del TEPT, como lo demuestra un metaanálisis reciente (Lee *et al.*, 2016), con resultados superiores frente a otras terapias o al tratamiento farmacológico (Bongaerts, Van Minnen y de Jongh, 2017). En adolescentes, los tratamientos eficaces desarrollados desde hace 25 años, igualmente, están basados en aspectos cognitivo-conductuales y específicamente en la remodelación de los estados cognitivos y la exposición (Buit *et al.*, 2017).

La Terapia de Exposición Prolongada para adolescentes (TEP-A) de Foa y Rothbam (1998) basa su tratamiento en la exposición imaginada y de manera vívida de los estímulos asociados al evento. Está basada en las teorías clásicas del aprendizaje y en las del procesamiento de la información. Se trata de una intervención individual, con sesiones que oscilan entre 9 y 12, de aproximadamente 90 minutos, en las que se trabajan cuatro elementos básicamente: 1) Psicoeducación sobre el trauma; 2) Entrenamiento en respiración; 3) Exposición en vivo a los estímulos que teme y evita; y, 4) Exposición en imaginación al recuerdo.

Su objetivo principal va dirigido a que los pacientes de forma racional vean las situaciones temidas y evitadas como parte del presente, controlando su memoria traumática y ansiedad. Para ello, desde la segunda fase, y durante 3 sesiones seguidas, se realiza una exposición en imaginación y en vivo; aunque ya desde la primera semana comienza dicha exposición, porque se les pide a los pacientes, como tarea para casa, que escuchen la grabación de la sesión que se ha realizado. La narrativa que realizan sobre el evento puede oscilar entre los 30 y 45 minutos, de forma obligada, y repetida, hasta cumplir este tiempo estipulado. A partir de la sexta o séptima sesión es cuando se trabajan recuerdos concretos, *puntos calientes,* que son pequeños recuerdos en los que el paciente tiene dificultad especial para narrar, pero que obligatoriamente ha de hacerlo hasta que la ansiedad asociada disminuya (Gesteira, 2016).

A pesar de sus beneficios, no está recomendada para pacientes con riesgo de suicidio inminente, riesgo actual de amenaza, autolesiones graves o Psicosis activa. Los autores enfatizan que para lograr el éxito ha de haber un recuerdo vívido del evento, cuando lo que existe son sólo fragmentos de éste, no recomiendan esta terapia (Gesteira, 2016; Guzman, Padrós, Laca y Tonatiuh, 2015).

La Terapia Cognitivo Conductual Centrada en el Trauma (TCC-CT), creada originariamente para la población infantojuvenil, de edades comprendidas entre los 3 y 18 años, también es utilizada en adultos (Cohen, Mannarion y Deblinger, 2006). Es la terapia más estudiada y utilizada como tratamiento individual para niños y adolescentes (Scheneider, Grilli y Schneider, 2013).

Está basada en la exposición imaginada al evento traumático e in vivo a las situaciones que se evitan, combinando reestructuración cognitiva y habilidades de afrontamiento. Se realiza psicoeducación sobre la violencia y los síntomas del paciente. Se utilizan técnicas de inducción a la relajación, como la respiración y técnicas de identificación y modificación de creencias irracionales a través del método A-B-C de Ellis, así como aumento de actividades placenteras (Guzmán *et al.*, 2015).

Limitada en el tiempo (30-45 minutos) y sesiones preestablecidas, está formada por 10 componentes de obligado cumplimiento: psicoeducación y habilidades de padres o cuidadores, relajación, expresión afectiva y regulación, habilidades cognitivas, narrativa del trauma y procesamiento de distorsiones cognitivas, dominación in vivo de elementos desencadenantes, sesiones con padres e hijos y habilidades para desarrollar la seguridad en futuras exposiciones (Buit *et al.*, 2017). Las sesiones individuales recomendadas para adolescentes son entre 8 y 20 sesiones de 30 a 45 minutos, y debe haber una participación activa por parte de los padres o cuidadores en el tratamiento y las tareas semanales (Keeshin y Strawn, 2014).

Ha demostrado su eficacia en reducir los síntomas del TEPT, la depresión comórbida y mejoría en el comportamiento, en adolescentes abusados sexualmente, en casos de terrorismo y violencia doméstica y en presencia de sustancias tóxicas;

sin embargo, no existen datos del tratamiento del TEPT en adolescentes con comorbilidades, como psicosis, trastorno bipolar o trastornos de conducta (agresividad, delincuencia), estados mentales comórbidos que los adolescentes pueden tener al igual que los adultos (Buit *et al.*, 2017).

La Terapia EMDR, como se apuntaba con anterioridad, fue creada por la psicóloga Francine Shapiro en 1987, fruto de la observación y práctica clínica. Está basada en la evaluación inicial que se le hace al paciente, momento en el cual el psicólogo busca en la narración del evento traumático, la cognición positiva, autorreferencial y validante que denote autoconfianza y autoestima, y que esté asociada a seguridad y calma. Promotora del cambio y generalizable a otras ocasiones, se utilizará cuando se disparen los recuerdos traumáticos o creencias negativas asociadas.

Durante las sesiones se llevan a cabo ejercicios de atención dual, ayudados sobre todo por el MO, durante aproximadamente 30 segundos (unas 30-35 tandas) con las memorias perturbadoras, estando atentos a las cogniciones negativas y sensaciones físicas asociadas. El ejercicio habrá de repetirse hasta que el nivel de perturbación emocional no reporte malestar. Posteriormente, mientras se continúa con los ejercicios, el paciente usará las cogniciones positivas, hasta que su *YO* se sienta fortalecido. En todo momento, el paciente puede parar si así lo desea.

Además, aunque es voluntario, se le sugiere que en casa registre los momentos o situaciones que desencadenan dicha memoria perturbadora y su reacción, y que en ese momento use la cognición positiva.

El número de sesiones oscila entre 1 hasta 12 o más, si la gravedad del trauma y reacción del paciente así lo necesitaran, 1 ó 2 veces por semana, semanalmente o cada 2 semanas aproximadamente, durante 60 ó 90 minutos de duración.

Demostrada su eficacia como tratamiento para el TEPT en adultos, también ha sido utilizada con éxito en pacientes que además presentaban psicosis, trastorno bipolar o adicciones (alcohol, Internet...) y en adolescentes con problemas de conducta, múltiples traumas, ansiedad y depresión comórbidas con TEPT, así como en intervención temprana en adolescentes en el caso del 11-S (Silver, Rogers, Knipe y Colleli 2005), en la inundaciones de México (Jarero, Artigas y Hartung, 2006) o a 7 niños con trauma en curso (8-12 años), procedentes del campamento de refugiados de Aida, a los 5 días tras un tiroteo (Zaghrout-Hodali, Alissa y Dodgson , 2017), aunque su evidencia no está tan asentada.

La Terapia EMDR igualmente puede ser utilizada para grupos de hasta 50 personas que hayan experimentado el mismo suceso traumático (por ejemplo, abusos sexuales, violencia interpersonal grave), experiencias de vida adversas (desastres naturales o causados por el hombre) o situaciones perturbadoras (enfermedades severas, violencia en el contexto familiar), con los beneficios que supone cuando los recursos personales son limitados (Jarero, Artigas, Uribe y García, 2016; Jarero, Rake y Givaudan, 2017).

Aunque el método EMDR recibió críticas respecto a la demostración de la continuidad en el tiempo de sus efectos terapéuticos, esta ha sido demostrada en la última década con varios ECA (algunos de ellos, Abel y O´Brien, 2010; Högberg *et al.*, 2008) con un seguimiento mayor a un año con efectos mantenidos (Marín *et al.*, 2015).

No obstante, existe una realidad, que son pocos los estudios ECA realizados en la población de adolescentes, basados en Autoinformes y en algunos casos con poco seguimiento, o muestras pequeñas no representativas. Esto puede ser fruto de la patente que existe en torno a esta terapia, siendo la formación y el acceso a los protocolos algo privativo o difícil de conseguir, lo que puede estar contribuyendo a la escasez de estudios. Todo ello ha provocado que en 2017 la APA (2017) haya pasado de considerarla *altamente recomendada,* a sólo *sugerirla,* basándose en el análisis de los estudios clínicos sobre las áreas de calidad de vida, deterioro, remisión y otros hechos imposibles de calificar por falta de estudios, algo que ha provocado un gran revuelo en la Asociación Internacional de EMDR (EMDRIA) y los profesionales que la practican.

De la comparativa entre TCC-CT y EMDR, los resultados alcanzados por el estudio de Diehle *et al.* (2015) sugieren, que la TCC-CT y la Terapia EMDR en TEPT subclínico son eficaces en medidas TEPT en la población infantil, y que la TCC-CT empleada en la escuela en niños y adolescentes resultó eficaz en reducción de síntomas TEPT con diversos tipos de traumas (no abusos sexuales ni maltrato físico), aunque no estuvieran diagnosticados con TEPT; siendo mayor el seguimiento en la escuela que en la clínica. Por otro lado, el tratamiento grupal/individual (Haagen *et al.*, 2015) resultó más efectivo que el sólo grupal. En este sentido, no se recomienda tratamiento grupal con narrativa compartida en las primeras sesiones ni en pacientes en riesgo de suicidio, importante inestabilidad personal, abuso considerable de sustancias tóxicas o aquellos que nunca han hablado de su trauma (Bados, 2017).

Además de las diferencias expresadas con anterioridad entre ambas terapias, groso modo, apuntar que en la TCC-CT es el psicólogo experto quien lleva el control, ha de haber exposición in vivo y narrativa, tal vez cuando el paciente aún no está preparado, con lo que se podría provocar una retraumatización. Exite obligación en la participación parental y la realización de tareas en casa. Las sesiones, preestablecidas y limitadas en el tiempo a 30-45 minutos, requieren un mínimo de 8 sesiones para que la terapia sea efectiva. Las tasas de abandono son elevadas, así como el porcentaje de casos que continúan con los síntomas tras el tratamiento. Eficaz en reducir los síntomas del TEPT, sin embargo, no se han encontrado estudios con tratamiento en adolescentes con comorbilidades, como psicosis, trastorno bipolar o trastornos de conducta (agresividad, delincuencia), estados mentales comórbidos que los adolescentes, pueden tener al igual que los adultos. Los protocolos de intervención para esta población están bien establecidos, son de fácil acceso y hay un número considerable de ECA; no obstante, la mayoría de los metaanálisis no son independientes.

En el caso de EMDR, en esta población no está fuertemente asentada, con pocos estudios ECA, pero los metaanálisis sí son en su mayoría independientes. Existe base para poder ser utilizada en los adolescentes que puedan presentar enfermedades comórbidas, como trastornos de personalidad, agresividad, psicosis, asperger, adicciones a Internet; algo con lo que nos podemos encontrar fácilmente en los adolescentes. Al estar centrada en el paciente, se potencia su autocontrol, perdido en el caso del bullying, y además es él, el artífice de su propio cambio. El trauma será integrado cuando la narrativa surgida en su propio proceso haya tenido lugar. Así, los casos adaptados a la idiosincrasia de cada persona evolucionarán a su ritmo sin la necesidad de sesiones preestablecidas, con los beneficios que puede deparar en una intervención rápida.

La aplicación de la técnica en casos de necesidad puede ser aplicada por personal formado (profesores, tutores...) dentro del mismo entorno educativo, si el profesional cualificado no está disponible. Además, instruido el paciente, entre sesiones, puede autoaplicarse el tratamiento y regularse él sólo, potenciando de nuevo una actitud proactiva, que siempre será más efectiva que si viene desde fuera (de la mano del psicólogo).

Algunos estudios (Rose, Bisson, Churchill y Wessely, 2002; Van Emmerik *et al.*, 2002) sugieren que la terapia grupal aumenta los síntomas e inclusive la tasa del TEPT. En consecuencia, no se recomienda el interrogatorio involuntario (en un ambiente grupal) en niños y adolescentes en riesgo de desarrollar un TEPT. Se recomienda intervención psicológica en primera instancia, incluyendo psicoeducación sobre la naturaleza del trauma y las reacciones dentro de la normalidad, asegurando las necesidades médicas y de seguridad -refugio, alimento, apoyo social e información apropiada- (Buit *et al.*, 2017). Los resultados recientes informan que una intervención inmediata (dentro de las primeras 12 horas) basada en la exposición de tres sesiones puede disminuir la presencia del TEPT en adultos (Rothbaum *et al.*, 2012); sin embargo, no hay resultados para niños o adolescentes. Una intervención basada en la exposición inmediatamente posterior al trauma podría ayudar a disminuir la aparición del TEPT.

PARTE II.
PROGRAMA
TAVEMDR

EMDR EN VÍCTIMAS DE BULLYING

EMDR EN VÍCTIMAS DE BULLYING

5.
Propuesta de Intervención

5.1. Justificación

Experimentar bullying es un factor estresante peculiar dentro de la infraestructura del TEPT, porque este evento debilitante implica factores estresantes continuos, y es tanto agudo como potencialmente crónico. Esta experiencia de vida puede incluir una amplia gama de eventos adversos asociados, como alteraciones físicas, psicológicas o comportamentales, y a veces, recurrencia del evento, no pudiéndose garantizar en su totalidad la seguridad de que el adolescente no viva otro episodio de bullying. Esta falta de seguridad, en un período posterior al evento, impide la consolidación de la memoria del incidente original.

Este tipo de trastorno agudo requiere un tipo de tratamiento diferente al tratamiento del TEPT con EMDR Estándar, al encontrarse el paciente en un estado excitatorio permanente, expandiéndose cada evento estresante posterior a este continuo, creando una exposición al trauma acumulativa que se extiende hasta el presente, y a menudo produciendo inquietudes catastróficas sobre el futuro. Esta situación particular ha puesto de manifiesto la necesidad de utilizar un Protocolo que pueda ser utilizado cuando el evento puede estar presente y adaptado a la población a aplicar.

En este sentido, el *Protocolo Grupal e Integrativo de EMDR* (*EMDR-IGTP*; Luber, 2009), desarrollado por miembros de AMAMECRISIS saturados ante el huracán Paulina en la costa oeste de México en 1997, lo fue, para dar asistencia a tantas personas a la vez. Este Protocolo (ver Apéndice 4) -traducción propia- combina las fases 1 a 8 del tratamiento EMDR Estándar con un modelo de terapia grupal, pudiendo ser más efectivo que la terapia grupal tradicional, al no ser necesaria ni la exposición in vivo ni la narrativa, guardándose así la confidencialidad (Luber, 2009).

Inicialmente diseñado para trabajar con niños, también ha demostrado ser útil para el trabajo grupal en adultos. El Protocolo está estructurado dentro de un formato de terapia de arte y de juego, y ha sido utilizado con víctimas de desastres entre 7 y 50 años de edad. Ha demostrado ser efectivo en formato grupal, en sesiones de una o dos veces diarias, y de forma temprana en casos de estrés agudo (Jarero y Artigas, 2011). Este Protocolo se conoce también como el *Protocolo del Grupo del Abrazo de la Mariposa* y el *Protocolo Grupal EMDR para Niños* (Luber, 2009).

Debido a su utilidad, ha sido empleado en el formato original en múltiples situaciones a lo largo del mundo, o con adaptaciones, para hacer frente a las diferentes circunstancias, como es la adaptación para adolescentes (Jarero, Artigas, Uribe y Miranda 2014 en Jarero, Artigas, Uribe y García, 2016). Dicho Protocolo contiene todos los elementos del Protocolo Estándar Individual de EMDR a excepción de los elementos cognitivos en las fases 3 y 5, porque son demasiado difíciles de manejar dentro de una configuración de grupo. La fase 5 de instalación cognitiva es reemplazada en este Protocolo

Grupal adaptado a adolescentes, por el procedimiento de visión del futuro. Además, en esta adaptación, el paciente se centra en lo que pasó justo antes del evento y no en el evento en sí.

Ante esta perspectiva, se planteó ¿qué podría ser de ayuda para trabajar las deficientes relaciones conductuales entre los adolescentes? Dando una orientación distinta a lo utilizado hasta ahora, y centrándonos en los síntomas del TEPT, en la autorregulación de las emociones y en la capacidad para encontrar solución a las relaciones personales tanto de los agresores, como de la víctimas, y además, habiendo encontrado relación directa entre el bullying y el TEPT, se decide diseñar un Programa con aplicación tanto individual como grupal centrado en el contexto educativo, con intervención sobre los síntomas del TEPT, sin aparente intervención sobre las situaciones de bullying, y que fuese útil para modificar los comportamientos de los adolescentes (e indirectamente, las emociones y actitudes), característicos de los escolares acosadores, víctimas u observadores de bullying. El presente proyecto intenta comprobar si dicho Programa sería eficaz en el contexto educativo.

En este sentido, el Programa TAVEMDR, para la intervención psicoeducativa y el tratamiento diferenciado del TEPT, parte de la demanda realizada por profesores y plantea la intervención con el conjunto de la institución, implicando al contexto escolar y familiar. Cambia la terapia de arte basada en el dibujo por el Juego de la Caja de Arena, de gran utilidad en casos de bullying.

5.2. Objetivos

Su principal objetivo es prevenir y tratar el TEPT en sus diferentes manifestaciones y lograr un funcionamiento saludable del adolescente (a nivel interno) como en su relación con los demás (a nivel externo). Este objetivo general quedaría concretado en los siguientes objetivos específicos:

- Disminuir los síntomas de estrés postraumático.
- Facilitar al adolescente la expresión de sus emociones de dolor o vergüenza.
- Tratar más pacientes con la misma experiencia. Normalizar las reacciones. Los alumnos pueden ver que sus reacciones son normales al ver que otros compañeros están trabajando en sus recuerdos de la misma forma.
- Identificar a aquellos que necesitan más asistencia.

5.3. Metodología y Plan de Trabajo

Para la consecución de los objetivos establecidos se llevó a cabo una revisión cualitativa y cuantitativa actualizada de la literatura sobre el tema en cuestión. Para ello, se realizó una búsqueda bibliográfica tanto en castellano como en inglés, en las bases de datos electrónicas Scopus, PsycINFO, PubMed, Pro-Quest, Scielo, Redalyc, Dialnet, Google Académico y la revista Journal of EMDR Practice and Research; consulta manual de las referencias extraídas de las revisiones y de ECA. Así, como consulta manual de libros de autores más destacados sobre el bullying y EMDR, tesis doctorales de las

Universidades con mayor prestigio en el ámbito español y páginas web. El período de búsqueda quedó establecido entre los años 2000 y 2018, dando prioridad a las publicaciones de los últimos 5 años para el apartado de revisión, los más antiguos, para la contextualización, conocimiento profundo del tema y uso de definiciones.

Para los criterios de inclusión se tuvieron en cuenta investigaciones en las que se evaluara el bullying y se aplicara o evaluara la terapia de EMDR; investigaciones donde la intervención contra el bullying se realice dentro del contexto escolar y más concretamente en la ESO; investigaciones que cuenten con grupo control. En los criterios de exclusión se incluyeron artículos repetidos, que no contaran con grupo control o el texto no fuera completo.

Para el procedimiento de selección se realizó una búsqueda en paralelo, examinando los descriptores por separado y en segundo lugar, incluyendo varios descriptores de forma combinada, utilizando los conectores "AND" y "OR". Los descriptores utilizados tanto en castellano como en inglés fueron: ("TEPT" OR "Trauma" OR "PTDS") AND ("Tratamientos Psicológicos" OR "EMDR") AND ("Bullying" OR "Acoso Escolar" OR "school violence") AND ("Educación Secundaria Obligatoria" OR "Adolescentes" OR "Adolescent") AND ("Programas de Intervención" OR "Intervention Programs").

Para la selección de la muestra se siguieron tres fases: 1) Búsqueda en las bases de datos con 2508 resultados, 2) Tras eliminación de citas duplicadas, 867, y 3) Tras aplicación de criterios de exclusión, 56.

Además, para la elaboración de este Programa (TAVEMDR), se han tenido en cuenta numerosos datos (muestra deseada, el tipo de diseño idóneo, la clase de materiales convenientes, los instrumentos psicométricos adecuados, el procedimiento y Plan de Trabajo adecuados) que ayudaran a la consecución de un Programa válido y viable dentro del currículo escolar. A continuación, se especifican cada uno de estos datos:

5.3.1. Participantes

La muestra a la que va orientada la intervención estará compuesta por 90 sujetos sanos, de los cuales a 45 se les aplicará el tratamiento y a otros 45 no se les aplicará, siendo estos últimos los que pertenecen al grupo control. Las características entre ambos grupos serán similares excepto en la variable independiente. La proporción de hombres y mujeres a los que se les aplique el tratamiento será proporcional, estudiantes de primer ciclo de la ESO, con edades comprendidas entre los 12 y 16 años (M=14), que provengan de diferentes Institutos de la Comunidad donde se desea implantar el Programa. Los resultados del estudio podrán generalizarse al resto de estudiantes cuyo factor común sea el evento de bullying. Los participantes lo hacen desde la voluntariedad. Todos permanecerán hasta el final del tratamiento, sin abandonos. Se pueden ver los criterios de inclusión-exclusión más adelante.

Se ha calculado el tamaño muestral necesario para identificar un tamaño del efecto grande (f = .40) en un ANOVA de un factor entresujetos con dos grupos, con un nivel de error de alfa = .05. El tamaño muestral necesario es de 90 sujetos, 45 por grupo.

Con el objeto de que las variables extrañas (conocidas o no conocidas) no afecten a los resultados del estudio y hacer que los grupos sean equivalentes, la asignación de los participantes será al azar. La forma en la que se puede realizar es la diseñada por Sir Ronald A. Fisher, mediante trozos de papel. Se escribe el nombre de cada alumno o clave que lo identifique en cada trozo de papel, se divide por sexos, se juntan luego todos los del mismo sexo y se eligen los 45 participantes que pertenecerán al grupo experimental (al que se le aplicará la variable independiente) y los 45 que pasarán a formar parte del grupo control.

5.3.2. Diseño

Previo al diseño de la Propuesta de Intervención, se efectuarán visitas al Instituto en el que se cursan los estudios del primer ciclo en ESO, para poder realizar una evaluación de las necesidades concretas de sus alumnos, padres y profesores. En esta intervención se propone hacer diana en los adolescentes, desde la realidad del Instituto, y a su vez, validando las acciones por parte de los profesores en torno a la intervención sobre el bullying. Se escoge como centro de trabajo el Instituto, porque es donde espontáneamente suceden los eventos en torno al bullying y pertenecen tanto la víctima como el agresor. La programación se organizará teniendo en cuenta las sugerencias del director del Centro y los profesores.

El diseño del Programa de Intervención planteado se corresponde con un estudio de campo, longitudinal y experimental, con grupo control. Para comprobar la eficacia del Programa de Intervención se realizará una evaluación de variables dependientes antes, durante y después del tratamiento.

La evaluación del tratamiento será tanto de carácter cualitativo como cuantitativo, dada la naturaleza de las variables dependientes del estudio: síntomas de estrés postraumático y variables comportamentales. Como variable independiente a aplicar es el Protocolo de EMDR-IGTP- OTS, con la introducción de la Caja de Arena en lugar de los dibujos.

Los instrumentos serán administrados por personas entrenadas, antes del tratamiento, durante y en el postratamiento, a la semana, al mes, a los 3 y a los 12 meses, dentro del curso escolar o al inicio del siguiente.

Para una acción más amplia, dada la importancia de prevenir la patología en los adolescentes expuestos y su gran influencia en el desarrollo de psicopatologías, se coordinará la atención con psiquiatras del Centro de Salud Mental y psicólogos expertos en EMDR.

La intervención consistirá en visitas al Instituto por el psicólogo clínico en EMDR, con formación además en población infantojuvenil y con aptitudes pedagógicas. Dichas visitas al Instituto estarán establecidas con antelación con el director del Centro. La intervención tendrá una duración de 11 días. Se realizarán dos modalidades de intervención, distribuidas según contenido, en:

1. Consultoría de los casos clínicos y atención a los adolescentes, con consentimiento de los padres o cuidadores principales, derivados por el orientador a través del *Test de*

Evaluación Breve del acoso escolar (TEBAE; Piñuel y Oñate, 2006), queja directa del alumno (víctima), por vía indirecta (otros alumnos, profesores, personal de administración y servicios), el tutor o denuncia externa (policial o judicial). En la primera visita realizada por el psicólogo, se atenderá a los alumnos con sus respectivos padres o cuidadores principales, aunque se tendrá en cuenta la opinión del alumno sobre su presencia o no de aquellos. En la atención individual en formato de consulta, se realizarán evaluaciones clínicas, psicológicas y diagnósticos. Se llevarán a cabo reuniones del equipo con el director del Centro, profesores y tutores, para recibir retroalimentación de los adolescentes evaluados.

2. Talleres psicoeducativos a profesores, padres y alumnos sobre temas relacionados con el bullying de los adolescentes expuestos al evento, el método EMDR y el Programa a implantar, así como en conceptos sobre salud mental de los adolescentes, en modalidad expositiva-experiencial, teniendo en cuenta las necesidades de los oyentes.

Al término de la intervención se hará un plan de seguimiento y se coordinará la continuación de la evaluación a través del director del Centro, realizándose la derivación del caso a valorar al psicólogo.

Las intervenciones de salud mental individuales en los adolescentes se evaluarán atendiendo a los criterios diagnósticos del DSM-5 (APA, 2014). Las actuaciones con los profesores se realizarán a través de una encuesta anónima de autoaplicación (diseñada por el psicólogo específicamente para la actuación realizada) a los profesores que participen en la intervención, la cual se aplicará al cierre del proceso. La escala diseñada estará formada por 5 ítems con respuestas tipo Likert que oscilan desde el 0 al 4 (nada efectivo, poco efectivo, algo efectivo, muy efectivo, altamente efectivo) en la que se busca evaluar la efectividad percibida por los profesores en la metodología utilizada. Las intervenciones con los padres procederán del Autoinforme *Child Behavior Checklist* (*CBCL/6-18*) para conocer cómo ven a su hijo.

El Programa de Intervención estará formado por una sesión individual, con una duración total de 90 minutos y con 7 sesiones grupales de 60-90 minutos de duración. La periodicidad de las sesiones será de un día, por lo que tendrá una duración de 8 días, en el horario de tutoría, mañana o tarde, según disponibilidad del Centro. La temporalización de las sesiones estará en función del acontecimiento del evento, no comenzando la intervención postevento antes del quinto día ni más allá de un mes. El número total de participantes será de un máximo de 50 alumnos y entre 8-10 alumnos por colaborador. Ambas sesiones serán complementarias, por lo que se seguirá un orden específico.

Una vez informado el progenitor/cuidador principal y el alumno, y éste haya accedido al tratamiento, se firmará el Consentimiento Informado (ver Apéndice 5). Además, para las sesiones grupales se firmará un Contrato de Confidencialidad (ver Apéndice 6) que garantice la no difusión de la información, la no identificación de los asistentes al grupo de tratamiento, así como de cualquier tipo de información revelada por sus integrantes.

En las sesiones individuales se pretende establecer una primera toma de contacto con el alumno, para realizar la evaluación y determinar si cumple los criterios para TEA según el DSM-5 (APA, 2014). Posteriormente, se busca conseguir un compromiso por parte del alumno en lo relativo a la intervención grupal o si hiciera falta una intervención individual. En ellas se trabaja la idoneidad del alumno para recibir el tratamiento con EMDR.

En las sesiones grupales se realizará el abordaje psicoeducativo de la patología y las técnicas a realizar. El hecho de que este contenido sea grupal obedece a la idea de que la víctima se sienta apoyada y arropada, como algo que no solo le pasa a ella, y al de fomentar su implicación y participación por parte de los alumnos en la superación de dicho trastorno.

En la tabla número 1 se muestran las diferentes sesiones grupales de los talleres psicoeducativos dirigidos a profesores, padres y alumnos, en las que se detallan los objetivos, materiales y tiempo empleado en cada uno de ellos.

EMDR EN VÍCTIMAS DE BULLYING

Tabla 1.

Sesiones de los talleres psicoeducativos grupales

Sesión	Objetivo	Material	Temporalización
Psicoeducación al profesorado	Informar y concienciar sobre el bullying Informar sobre la situación del Centro Presentar el método EMDR Presentar el Programa Reclutar personal de apoyo	Presentación en PowerPoint Folletos informativos sobre el bullying y EMDR	90 min.
Psicoeducación a los padres	Informar y concienciar sobre el bullying Presentar el método EMDR Presentar el Programa Solicitar su colaboración	Presentación en PowerPoint Folletos informativos sobre el bullying y EMDR Páginas web	90 min.
Psicoeducación al alumnado	Informar y concienciar sobre el bullying Informar sobre sus derechos y deberes Presentar el método EMDR y la necesidad de un tratamiento Presentar el Programa Presentar el material de trabajo	Presentación en PowerPoint Folletos informativos sobre el bullying y EMDR Caja de Arena y figuras	90 min.

Fuente: Elaboración própia

En la siguiente tabla número 2 se muestran las sesiones de intervención, tanto individuales como grupales en las que se detallan los objetivos, técnicas y materiales empleados en el tratamiento, las cuales tendrán una duración entre 60-90 minutos, atendiendo a las necesidades de los alumnos.

Ana María Gea

Tabla 2.

Sesiones de intervención individuales y grupales

Sesión	Objetivo	Técnica	Material
1. Historia, evaluación y planificación del tratamiento (sesión individual)	Recoger información del problema con la familia Identificar motivo de consulta Identificar "T" o "t" Preguntar sobre los tres vértices Identificar los blancos de procesamiento Revisar criterios y recursos Determinar la idoneidad del tratamiento y preparar para el tratamiento Obtener mediciones **Devolver información** al paciente Obtener el compromiso del adolescente con la intervención Establecer un buen rapport paternofilial	Entrevista abierta Pase de cuestionarios Uso de criterios diagnósticos (DSM-5) Técnica de Respiración Abdominal Ejercicio Rueda de Poder Contención Escucha activa Observación	Papel y lápiz Consentimiento Informado Colchoneta o camilla Test *AVE* Informe *CBCL/6-18* Test *CITES-R*
2. Preparación	Realizar psicoeducación Familiarizar a los adolescentes con el entorno Establecer confianza Reconocer emociones Facilitar la **integración** grupal Obtener mediciones **psicométricas** Preparar al adolescente para el procesamiento EMDR Estabilizar e incrementar los afectos positivos Validar los signos y síntomas de estrés postraumático	Ejercicios de integración Ejercicio Lugar en Calma Ejercicio Abrazo de la Mariposa (ver **Apéndice 7**) **Señal de stop** Ejericicio de Relajación y Enraizamiento Diálogo abierto Observación	Papel y lápiz Mesas y sillas Colchonetas Caja de Arena Agua Caras con emociones Instrumento fotográfico Escala *SUDS* Test *TAMAI* Inventario *STAXI-NA*

EMDR EN VÍCTIMAS DE BULLYING

Sesión	Objetivo	Técnica	Material
	Enseñar metáforas y técnicas de estabilización y autocontrol Clarificar dudas y responder preguntas		
3. Evaluación	Realizar psicoeducación Realizar ejercicio auocalmante Acceder al blanco a procesar estimulando aspectos primarios del recuerdo (preguntar primero quién lo recuerda) Obtener IES y mediciones Asegurar equilibrio emocional y psicológico	Ejercicio Superar el Miedo a través de la experiencia de aprendizaje Ejercicio Película Mental/metáfora del Tren Estimulación de aspectos del recuerdo (¿quién lo recuerda?) Técnica del Afecto Positivo Ejercicio el Contenedor Ejercicio Abrazo de la Mariposa Diálogo abierto Observación	Papel y lápiz Mesas y sillas Colchonetas Caja de Arena Agua Caras con emociones Material fotográfico Escala SUDS
4. Desensibilización	Realizar psicoeducación Procesar la experiencia hacia una resolución más adaptativa Procesar todos los fragmentos para adecuada asimilación del evento Alcanzar nivel 0 en SUDS o validez ecológica Desbloquear Obtener recuerdo perturbador Observar reacciones en el alumno Asegurar equilibrio emocional y psicológico Clarificar dudas	Ejercicio autocalma (Agradable memoria) Ejercicio Película Mental/Tren Ejercicio Abrazo de la Mariposa Entretejidos educativos Visionado de imágenes Ejercicio de estabilización (el Contenedor) Diálogo abierto Observación	Lápiz y papel Mesas y sillas Colchonetas Caja de Arena Agua Caras con emociones Escala SUDS

Sesión	Objetivo	Técnica	Material
5. Visión de futuro	Realizar psicoeducación Identificar cogniciones adaptativas o no adaptativas Recoger todas las fotos Seleccionar casos para terapia individual Asegurar equilibrio emocional y psicológico Clarificar dudas y responder preguntas	Ejercicio de autcalma (respiraciones abdominales) **Ejercicio Visión a Futuro** **Visionado de imágenes** Ejercicio Lugar en Calma/Contenedor **Diálogo abierto** Observación	Lápiz y papel Mesas y sillas Caja de Arena Agua Fotografías
6. Escaneo Corporal	Realizar psicoeducación Realizar ejercicio de **autoregulación** **Enseñar la Técnica del** Escaneo Corporal Completar el procesamiento de cualquier **perturbación restante** Asegurar equilibrio **emocional y psicológico**	Ejercicio de autocalma (Respiraciones abdominales) **Ejercicio Película** Mental/Tren Abrazo de la Mariposa Repaso mental re**cuerdo más** perturbador Sacudidas corporales Estrategia reguladora (Ejercicio Lugar en Calma/Contenedor)	**Papel y lápiz** Mesas y sillas Colchonetas **Escala SUDS**
7. Cierre	Realizar psicoeducación Normalizar las experiencias de reprocesamiento Dar explicaciones y respuestas Garantizar el equilibrio **homeostático**	Abrazo de la Mariposa Respiraciones profundas Estrategia reguladora (Lugar Calmo/Contenedor) **Diálogo abierto**	Lápiz y papel Mesas y sillas Colchonetas Escala SUDS
8. Reevaluación y seguimiento	Asegurar la integración y asimilación del material perturbador Realizar mediciones	Revisión del material de cada alumno Ejercicio dirigido	Informes Resultados fotográficos,

Sesión	Objetivo	Técnica	Material
	Identificar alumnos con necesidad de asistencia adicional Identificar naturaleza y extensión de sus síntomas		valores SUDS, valores CITES-R, TAMAI, STAXI-NA, Escaneo Corporal y visión de futuro

Fuente: Elaboración propia

5.3.3. Materiales

Para el Protocolo de evaluación en detección de las reacciones postraumáticas en adolescentes expuestos a bullying, se seleccionarán en primer lugar aquellos instrumentos relacionados con el bullying, tanto para la detección de su presencia mediante el Test de Evaluación Breve del acoso escolar, (TEBAE; Piñuel y Gispert, 2006), como para su diferenciación entre violencia física y acoso, mediante Test Acoso y Violencia Escolar, (AVE; Piñuel y Oñate, 2007). Posteriormente, se seleccionarán instrumentos que evalúen la sintomatología general, el estrés postraumático, expresión de ira e inadaptación. Se administrarán antes y después del tratamiento. La evaluación de la intensidad de la emoción perturbadora se administrará además durante el tratamiento. Para trabajar las secuelas del trauma, desarrollar sentido de control, empoderar, explorar fortaleza y encontrar su resilencia, se usará el Juego de la Caja de Arena también llamado Sandplay (JCA; Kalff, 1980). A continuación, se detallan cada uno de los instrumentos por separado:

Test de Evaluación Breve del Acoso Escolar, (TEBAE; Piñuel y Gispert, 2006). Este test permite sondear de forma cuantitativa, en un período breve de tiempo, cómo se encuentra el aula y el Centro en lo relativo al bullying (presencia, intensidad y estimación del daño psicológico generado en la víctima), evitando que algún alumno se quede sin diagnosticar, pues no siempre el síndrome de estrés postraumático se da contingente al evento, sino que puede desarrollarse con posterioridad de forma demorada, meses o años después. Puede ser utilizado además del psicólogo, por el orientador o tutor. Su finalidad es la autoevaluación de la violencia y acoso psicológico y físico recibido en el ámbito escolar y la evaluación del daño psicológico asociado. Aplicable de forma individual o colectiva, a alumnos desde segundo de primaria hasta bachillerato, con baremos generales y por sexo, distribuidos en tres niveles educativos. Duración variable entre 5 a 15 minutos. Consta de 32 proposiciones divididas en dos partes, a las que se responde con relación a la frecuencia del evento y a la incidencia o no de síntomas de daño psicológico. En la primera parte, el alumno contesta a 20 preguntas relacionadas con conductas de violencia y acoso presentes más frecuentemente entre los escolares y si se realizan contra él, la frecuencia de ellas (nunca, pocas veces o muchas veces). En la segunda parte, el alumno contesta sí o no a 12 preguntas que evalúan los síntomas psicológicos y psicosomáticos correspondientes a las definiciones del DSM-5 (APA, 2014). De la corrección de la prueba se obtienen puntuaciones para tres escalas: acoso escolar (con 20 ítems y alfa de cronbach .926); intensidad del acoso; y, daño psicológico (20 ítems con alfa de cronbach .829) con la clasificación de riesgo en el aula bajo, medio o alto. Existe también la versión en software para autocorrección (Piñuel y Cortijo, 2017).

Test Acoso y Violencia Escolar, **(*AVE*; Piñuel y Oñate, 2007).** Permite evaluar al psicólogo u orientador de forma rápida y sencilla, el grado de afectación de un alumno (desde 2º de Primaria hasta 2º de Bachiller), por conductas sistemáticas o frecuentes de acoso y violencia, y la existencia de secuelas psicológicas o daños clínicos. El test AVE contempla los tres criterios diagnósticos comúnmente aceptados por los investigadores para esclarecer si estamos ante un caso de violencia o acoso escolar. En su versión corta está formado por 94 ítems, con los que el alumno marca la frecuencia con que se produce contra él un total de 50 conductas de violencia y hostigamiento psicológico en el contexto escolar. El alumno evalúa la frecuencia en orden a 3 categorías (nunca, pocas veces, muchas veces). A continuación, el alumno marca la existencia de síntomas psicosomáticos y psicológicos, mediante 54 afirmaciones que evalúan la existencia de daños psicológicos relacionados con los criterios del DSM-5 (APA, 2014) y los daños que se observan más frecuentemente con las situaciones de acoso. La escala psicométrica que evalúa el acoso escolar presenta un elevado índice de consistencia con un alfa de Cronbach de .95 (Piñuel y Oñate, 2006). Con los resultados se pueden obtener 14 indicadores (2 índices globales, 4 factores globales y 8 modalidades de acoso). Permite diferenciar entre niveles leves, graves o muy graves en las conductas de acoso y, además, evaluar los factores de riesgo y los daños más importantes que frecuentemente aparecen en los alumnos acosados, mediante la evaluación de 8 dimensiones de daño (hostigamiento, intimidación, amenazas, coacciones, bloqueo social, exclusión social, manipulación social y agresiones), compatibles con la clasificación del DSM-5 (APA, 2014) (Piñuel y Cortijo, 2017).

***Child Behavior Checklist (CBCL/6-18;* Achenbach y Rescorla, 2001).** Se trata de un instrumento de información que proviene de los padres o cuidadores principales, que evalúa las competencias y los problemas de la población con edades entre los 6 a los 18 años. Contiene 118 ítems la escala de la segunda parte, con 3 opciones de respuesta: no es cierto (0); algunas veces es cierto (1) y es muy cierto a menudo (2). Es un instrumento ampliamente utilizado con buenas propiedades psicométricas (Rescorla *et al.*, 2007), con puntuaciones medias de alfa de Cronbach de .93 a través de 31 sociedades (Alcántara *et al.*, 2017).

***Escala de Impacto de Eventos Traumáticos en Niños, revisada, (CITES-R*; Wolfe, Gentile, Michiezi, Sas y Wolfe, 1991).** Se trata de una escala de medida autoinformada, multirasgo, cuyo objetivo es evaluar respuestas psicológicas ante eventos vitales estresantes de niños entre 8 a 17 años. Compuesta por 78 ítems y 11 subescalas, distribuidas en cuatro dimensiones: síntomas TEPT; atribuciones del abuso (autoculpa y culpa, empoderamiento, vulnerabilidad y Mundo Peligroso); reacciones sociales (negativas de los demás y apoyo social); y, eroticismo. Además de la puntuación total, esta escala puntúa para las subescalas de intrusión y de evitación. Las puntuaciones menores de 9 están consideradas como distrés bajo, entre 9 y 18, distrés moderado, y para 19 o más, distrés alto. También se incluyen para este estudio las escalas de hiperarousal y la complementaria de percepción de Mundo Peligroso. Presenta una consistencia interna tanto para la escala total como para las subescalas de .57 a .91 (Alcántara, Castro, Martínez, Fernández y López-Soler, 2017).

***Inventario de Expresión de Ira Rasgo-Estado en Niños y Adolescentes, STAXI-NA* (Del Barrio, Aluja y Spielberger, 2004; versión de Del Barrio, Spielberger y Aluja, 2005).** Evalúa de forma precisa los componentes de ira: Expresión y Control, Experiencia, y sus facetas en Estado y Rasgo. Compuesto por 32 ítems en 3 subescalas con diferentes respuestas relacionadas con el estado en el que se siente el paciente en el presente, de forma habitual, y sus reacciones cuando se enfada, anotando la frecuencia en la que tienen lugar determinadas conductas (Ira Estado/Rasgo y Control de la Ira). Sus propiedades psicométricas (Del Barrio *et al.*, 2004) en población española muestran índices de fiabilidad adecuados (.53 a .81), para los cuatro factores (Alcántara *et al.*, 2017).

***Test Autoevaluativo Multifactorial de Adaptación Infantil (TAMAI;* Hernández-Guanir, 2009).** Evalúa la Inadaptación Personal, Escolar, Social, Familiar y Actitudes de Educación de los padres. Constituido por 175 proposiciones con respuestas de afirmación o negación. Incluye también 2 escalas de fiabilidad. Dirigido a la población infantojuvenil entre los 8 y 18 años. De sus propiedades psicométricas se desprende un alto índice de fiabilidad (.87) en la escala general (Hernández-Guanir, 2009). En este estudio, se utilizan las escalas de Inadaptación Escolar, Personal, Social y General (Alcántara *et al.*, 2017).

Escala de Unidades Subjetivas de Perturbación, (SUDS*; Shapiro y Maxfield, 2002; Wolpe 1958).*** Creada por el Dr. Joseph Wolpe y más tarde sintetizada por Francine Shapiro, es ampliamente utilizada en Terapia Conductual. Utilizada para medir el nivel de intensidad de una emoción perturbadora asociada a un recuerdo, a través de una puntuación que oscila de 0 a 10, donde 0 se correspondería a la ausencia o neutralidad de perturbación y, 10 a la máxima perturbación que el sujeto puede experimentar. La escala SUDS es utilizada antes del tratamiento para conocer la situación basal del paciente, ocasionalmente para evaluar la progresión de la intervención y como indicativa de la desensibilización en la fase cuatro del tratamiento, cuya fase continúa hasta que el paciente no muestra un SUD de 0 o grado de perturbación ecológicamente aceptado (1 ó 2). La investigación muestra que el SUDS elevado tiene un alto correlato con determinados indicadores fisiológicos de distrés (Lovett, 2016).

El JCA, también llamado *Sandplay*, es un método terapéutico creado por Kalff (1980), que sigue la teoría analítica de Carl Jung y la experiencia de Margarita Lowenfeld en terapia infantil. Su aplicación tanto en niños y adolescentes como en adultos permite, a través de un tratamiento psicológico, la exploración de la fantasía mental originada de la concreción de la realidad interna, la externalización de los conflictos internos y la Transferencia de las relaciones con los objetos externos e internos; haciendo consciente los miedos y sentimientos escondidos, ayudando a superarlos de forma natural (Alzate y Muñoz, 2016).

Consiste en una Caja de 57x72x7 cm, con arena, figuras y agua. El paciente ante una variedad de figuras, elige y crea una representación de su historia sobre la arena, que puede cavar, aplastar, etc. Hay cuatro tipos de Cajas de Arena: Cajas móviles y dramáticas (donde el paciente mueve las figuras contando lo que pasa en su mundo); Cajas estáticas (sin dramatización, pero con contaje de su historia); Cajas con sonido (el paciente imita el sonido del mar, voces animales, etc.); y, la Caja silenciosa, donde el paciente no pone voces a los personajes, nadie habla y no se puede hablar. El psicólogo en silencio y de forma empática, sólo mira y observa, sin dirigir ni juzgar; contribuyendo sólo de forma auxiliadora, por ej., ayudándole a traer las figuras que el paciente elija o interviniendo sólo en caso de que la ansiedad interrumpa el juego (Gonzalo, 2014). Al dejar libre la mente, el psicólogo puede analizar el trasfondo en busca de recuerdos traumáticos, dificultades o miedos que puedan estar condicionando sus trastornos presentes. No sólo se puede hacer una lectura de la escena (esquema no verbal), sino además valorar las relaciones entre las diferentes figuras (representación de su psique) por medio de los símbolos presentes en la mente del paciente (Alzate y Muñoz, 2016).

Se recomienda que haya variedad y cantidad suficiente de figuras, para evitar sensación de escasez en el paciente, pero no demasiadas, que provoquen saturación y dificulten la elección. Entre las figuras, que se encuentren aquellas que representen elementos de la naturaleza, viviendas, figuras bélicas, figuras fantásticas siniestras o que infundan miedo, así como otros objetos (bolas de cristal, botones, retazos de tela, tapas, objetos pequeños sin forma concreta), que permitan al paciente representar su estado mental necesitado, aunque no se recomiendan figuras que indiquen una profesión concreta para que pueda usarlos de forma indistinta en orden a el material que aflora en su juego (Alzate y Muñoz, 2016).

La única diferencia entre el trabajo con adultos y la población infantojuvenil sería la técnica, no los principios, adaptando los procedimientos para acceder a sus mentes. De la misma forma que en los adultos la transferencia puede ser positiva o negativa, en este último caso se refleja mediante la ansiedad, miedos, desconfianza o timidez. Así, en esta última población el análisis de transferencia (en caso de repetición de emociones y conflictos pasados o presentes) ha de hacerse de forma inmediata, pues es indudable que el niño o adolescente puede a través del juego expresar sus estados emocionales: frustración, rechazo o ambivalencia; ansiedad, culpa o necesidad de reparación o, repetición a través del juego sus experiencias cotidianas (ambiente escolar, situación familiar, etc.). En este sentido, se ha de estar atentos a las representaciones de juegos de rol (el colegio, el doctor, la tienda, la madre e hijo), pues estas personificaciones pueden representar el comportamiento de los demás; así como, a los colores predominantes, naturaleza estática o dinámica de la escena…

La ventaja de este método es que la abstracción que genera el juego permite al paciente olvidarse de su entorno, escenificar la situación de manera libre y calmada, sin restricciones ni temores que le inhiban. Es un método fácil de utilizar, pues casi no provoca resistencias. Ayuda a explorar fortalezas y encontrar resilencia. Método intercultural excelente para trabajar las secuelas traumáticas, al ser una representación simbólica está menos vívida la angustia, lo que facilita el acceso a estratos más profundos de la psique de la persona, el acceso a asociaciones y poder penetrar en su realidad interna, así como a experiencias reprimidas, lo que otorga el poder conseguir cambios en el desarrollo, suprimir o reducir la amnesia y el poder acceder a las fantasías, sobre todo sobre su escena primaria en la población infantojuvenil. Además, en el trabajo con esta población se ha encontrado que la arena cumple varias funciones, según el modo en que se toca (sensación de estar tocando la piel, a modo de caricia, experimentar el miedo a quedar atrapados o los peligros y objetos aterradores escondidos en la arena (Alzate y Muñoz, 2016).

Al ser un método predominantemente no verbal es muy apropiado para situaciones de crisis graves, como las ocasionadas por catástrofes naturales o por la acción del hombre (Pattis, 2011), sin que haya necesariamente un trastorno mental. Su uso resulta de utilidad para algunos autores en casos de problemas de autoestima, acoso escolar, déficit de atención, violencia, problemas de conducta, traumas infantiles...; no obstante, al ser pocos los estudios que demuestren su utilidad y debido a sus connotaciones subjetivas, con la dificultad de cuantificar y medir sus resultados, como toda técnica proyectiva, no cumple los requisitos para ser incluida en el DSM-5 (APA, 2014).

Para una intervención posterior individual o en grupos pequeños que requieran una mayor profundización, se recomienda utilizar instrumentos psicométricos adicionales que valoren: presencia y severidad del TEPT, con la *Lista de Verificación de TEPT para DSM-5* en su versión española (PCL-5; Weathers *et al.*, 2013); la ansiedad, con el *Cuestionario de Ansiedad Estado/Rasgo en niños (STAI-C;* Spielberger, 1973; adaptacion espanola TEA, 2009); depresión, con el *Cuestionario de Depresión Infantil (CDI;* Kovacs, 1992); el grado de disociación, con la *Escala de Experiencias Disociativas para Adolescentes (A-DES;* Armstrong, Putnam, Carlson, Libero y Smith,1997) ; el apego, con El *Cuestionario de Relación* (RQ; Bartholomew y Howowitz, 1991); y, la validez de la cognición, con la *Escala de Validez de la Cognición (VOC;* Shapiro 1989).

Seguidamente se expone este conjunto de instrumentos psicométricos adicionales recomendados en intervenciones posteriores:

La Lista de Verificación de TEPT para DSM-5 (PCL-5; Weathers et al., 2013), es una medida de autoinforme de 20 ítems que evalúa la presencia y severidad de los 20 síntomas de TEPT según el DSM-5, ampliamente utilizada. Está disponible para evaluar con o sin componente de criterio A. Utilizando una escala de 5 puntos que va desde 0 = no en absoluto, 1 = un poco, 2 = moderadamente, 3 = un poco, a 4 = extremadamente. Los puntajes de los ítems se suman para obtener una medida continua de la gravedad de los síntomas del TEPT, para los grupos de síntomas y para todo el trastorno. Según el Centro Nacional para el TEPT, un punto de corte de PCL-5 de 33 parece ser razonable. Destinado a evaluar los síntomas del paciente en el último mes, la autoadministración es la preferida. Presenta una consistencia interna fuerte (α = .94), confiabilidad test-retest (r = .82) y convergente (r s = .74 a .85) y discriminante (rs = .31 a .60) validez (Jarero, Givaudan, Osorio, 2018).

***Cuestionario de Depresión Infantil (CDI;* Kovacs, 1992)**. Es un instrumento de autoinforme, aplicable a la población de edad comprendida entre los 7 y 15 años. Útil para evaluar síntomas depresivos, a través de sus 27 ítems, enunciados con tres frases, con tres respuestas (0, 1 y 2), en orden a la frecuencia, intensidad o normalidad de la presentación del síntoma. Está compuesto por 2 subescalas (disforia y autoestima) y una escala total de depresión. Sus propiedades psicométricas avalan su validez con un alfa [(α) de Cronbach = .80] (Del Barrio y Carrasco, 2004) como instrumento en población española (Alcántara *et al.*, 2017).

Cuestionario de Ansiedad Estado/Rasgo en Niños. (STAI-C; Spielberger, 1973; adaptacion espanola TEA, 2009). Se trata de un instrumento de evaluación para la ansiedad, en población con edades comprendidas entre 9 y 15 años. Se compone de 2 escalas independientes (Ansiedad Estado (A-E) /Ansiedad Rasgo A-R) con 20 ítems para cada una. La escala A-E, evalúa el grado de la ansiedad en un momento determinado, y la escala A-R, registra cómo se encuentra el individuo en general. Las respuestas varían de nada (1) 1, algo (2) y mucho (3). Tiene buenas propiedades psicométricas y una consistencia interna (Tresancoras, Garcia-Oliva y Piqueras, 2017) para la puntuación total del cuestionario de .93 (Alcántara *et al.*, 2017).

El *Cuestionario de Relación* (RQ; Bartholomew y Howowitz, 1991), en su adaptación española (Alonso-Arbiol en Yárnoz, 2008). Evalúa el tipo de Apego de los adolescentes, definiendo cada uno de ellos y mostrando las características más importantes: Apego *seguro* (aceptación de la sociedad, confianza y acercamiento a los demás); apego *evitativo* (bienestar sin relación afectiva, marcado sentido de independencia y autosuficiencia); Apego *preocupado* (visión negativa de uno mismo - *self* - , encontrarse perdido si no está en relación con otra persona, desear la intimidad y percibir que los demás guardan distancia); y, Apego *temeroso* (visión negativa del self, desconfianza , malestar ante el acercamiento de la gente o miedo a sufrir si no se guarda distancia). Compuesto por dos escalas tipo Likert que oscilan de 0 a 7. En la primera, 0 (totalmente en desacuerdo) y 7 (totalmente de acuerdo), la persona, indica cuál de los cuatro tipos reflejaría mejor el modo de relacionarse con los demás y su evaluación; y, por otro lado, en otra escala, donde 0 (totalmente en desacuerdo) y 7 (totalmente de acuerdo), marca el grado en el que se identifica mejor con cada tipo de apego. Además, el cuestionario puede clasificar al individuo en forma categorial y dimensional, teniendo en cuenta las puntuaciones de cada tipo de Apego. Presenta adecuadas propiedades psicométrica (Yárnoz, Alonso-Arbiol, Plazaola y Sainz de Murieta, 2001) test-retest y de validez de constructo (Camps-Pons, Castillo-Garayoa y Cifre, 2014).

***Escala de Experiencias Disociativas para Adolescentes (A-DES*; Armstrong, Putnam, Carlson, Libero y Smith, 1997).** Se trata de una escala cualitativa, autoaplicada, derivada de su homologada para adultos, adaptada a adolescentes entre 12 y 18/19 años. Compuesta por 30 ítems, cuya puntación para Disociación patológica es de 4, y de trastorno de identidad disociativa entre 4 y 7, que se obtienen de la suma simple de los porcentajes divididos entre 30. Aunque sus resultados no son concluyentes o definitivos, sino de rastreo, puede ser utilizada para evaluar los resultados del tratamiento. Se recomienda que el psicólogo pregunte con ejemplos sobre los ítems que obtuvieron un resultado mayor (Baita, 2015).

***Escala de Validez de la Cognición (VOC*; Shapiro 1989).** Escala individualizada, desarrollada por Francine Shapiro, mide el grado en el que el paciente se cree su cognición positiva a lo largo de las fases de evaluación e instalación del tratamiento. Las puntuaciones oscilan desde el 1(completamente falso) al 7 (completamente verdadero), con el objetivo de que el paciente acepte toda la verdad de su afirmación positiva llegando a la puntuación de 7 (Lovett, 2016).

5.3.4. Procedimiento y Plan de Actuación

Para llevar a cabo el Plan de Actuación, primero se solicitará autorización a la Consejería de Educación, Formación y Empleo de la Región. A continuación, tras la selección del Centro de ESO, se llevará a cabo una entrevista con el equipo directivo y el orientador educativo, con el propósito de promover su colaboración, donde se solicitará la autorización del Centro, se informará sobre los objetivos del Programa, los instrumentos de medida y se acuerdan las sesiones y aulas necesarias. A los padres se les solicitará el Consentimiento Informado. Una vez obtenido éste se procederá a la recogida de datos. Se establecerá el compromiso de mantener informados de los resultados del estudio tanto a profesores y a padres como a los alumnos que participan. A éstos, antes del inicio del Programa, se les informará de los objetivos del mismo insistiendo en su compromiso de forma activa en el tratamiento, así como del tratamiento de confidencialidad de los datos. El estudio de investigación se llevará a cabo en 3 etapas:

Etapa 1. Reclutamiento de participantes y entrevistas. En esta etapa, el psicólogo, no ajeno al estudio, explicará a los participantes el propósito de la investigación, los criterios de exclusión e inclusión, su participación voluntaria y se le hará entrega del Consentimiento Informado. Los participantes voluntariamente serán entrevistados para recabar su historia clínica, proporcionarles psicoeducación relacionada con el trauma, el estrés y la terapia EMDR, con el propósito de disminuir cualquier duda o prejuicio respecto al tratamiento; y para administrarles los diferentes cuestionarios (CITES-R, TAMAI y STAXI-NA), como una evaluación previa al tratamiento. Una vez terminada la evaluación individual, cada participante se asignará al azar al grupo experimental o al grupo control, en la forma descrita anteriormente.

El reclutamiento de los participantes tendrá lugar en dos fases. En la primera fase, se explicará el propósito de la intervención a los alumnos interesados, así como los criterios de inclusión y exclusión. En la segunda fase, también por el psicólogo se obtendrá el Consentimiento Informado originado en la entrevista junto con los padres.

Se establecerán los siguientes criterios de inclusión: ser alumno del primer ciclo de ESO; tener una edad comprendida entre los 12 y 16 años; ser diagnosticado con TEA o TEPT; y, coincidir en el mismo evento traumático como consecuencia del bullying.

Se excluirán del Programa los alumnos que presenten: ideas suicidas u homicidas en curso; autoagresiones; comportamientos agresivos graves; trastornos psiquiátricos (trastorno límite de la personalidad, esquizofrenia, asperger, autismo, bipolaridad); trastorno mental orgánico; abuso de sustancias tóxicas (con más de un mes de evolución) o presencia de alteraciones físicas que dificulten el tratamiento.

Etapa 2. Tratamiento. El Protocolo con Terapia EMDR (EMDR-IGTP-OTS) adaptado a adolescentes, se administrará de forma intensiva, por un psicólogo formado en EMDR, durante 5 sesiones a lo largo de 5 días consecutivos, con una duración total de 6-8 horas, al grupo experimental. No se administrará tratamiento alguno al grupo control. Se mantendrá la fidelidad al tratamiento siguiendo los pasos del Protocolo EMDR-IGTP-OTS.

Etapa 3. Evaluación de seguimiento postratamiento. Esta evaluación se llevará a cabo tanto a los participantes del grupo experimental como al grupo control, a la semana, al mes, a los 3 meses, a los 6 meses y a los 12 meses de la aplicación del tratamiento. Un ayudante de investigación independiente, ajeno a las condiciones del tratamiento y entrenada en la administración de instrumentos y en conducta ética sobre investigación, administrará el CITES-R, el TAMAI y el STAXI-NA, cara a cara. Durante todas las etapas, el psicólogo que administra el tratamiento será supervisado por un entrenador en EMDR.

El Plan de Actuación se desarrollará a lo largo de 11 sesiones, distribuidas en 4 módulos y 2 fases. La primera fase se dirigirá al grupo de profesores, padres y alumnos. La segunda fase se dirigirá a la atención directa con los alumnos y aplicación del tratamiento con EMDR, véase en la tabla número 3.

Ana María Gea

Tabla 3.

Plan de Actuación

MÓDULO	INICIO	ACTIVIDADES
I. Psicoeducación al profesorado	Etapa 1 1 sesión	Charla interactiva Visualización de vídeos Visualización de Power-Point Actividad individual de familiarización con el test TABAE y AVE Entrega de folletos informativo
II. Psicoeducación a padres	Etapa 2 1 sesión	Charla interactiva Uso de ejemplos Visualización de vídeos Visualización de Power-Point Entrega de folletos informativos
III. Psicoeducación al alumnado	Etapa 3 1 sesión	Charla interactiva Uso de metáforas y analogías Visualización de vídeos Visualización de Power-Point Potenciación de su autoría
IV. Protocolo con EMDR-IGTP-OTS	Etapa 1 Sesión 1 y 2	Registro del historial psicosocial, valoración de la capacidad para manejar niveles altos de perturbación y sus limitaciones, y aptitud para el tratamiento Ejercicios de integración y trabajo con el trauma
IV. Protocolo con EMDR-IGTP-OTS	Etapa 2 Sesión 3 a 6	Síntesis, reprocesamiento e integración de las partes del trauma
IV. Protocolo con EMDR-IGTP-OTS	Etapa 3 Sesión 7 y 8	Integración y rehabilitación

Fuente: Elaboración propia

EMDR EN VÍCTIMAS DE BULLYING

El primer módulo irá dirigido a profesores y tutores del primer ciclo de ESO pertenecientes al Centro. El segundo módulo a los padres cuyos hijos pertenecientes al Centro hayan sufrido algún evento relacionado con el bullying y muestren interés. El tercer módulo a alumnos del Centro que hayan experimentado algún hecho relacionado con el bullying y estén interesados. El cuarto módulo se dirigirá propiamente a los alumnos que hayan decidido recibir el tratamiento. Este último módulo se desarrollará en 3 etapas: en la primera etapa tendrán lugar las sesiones 1 y 2 que se corresponden con las fases 1 y 2 del Protocolo Estándar de EMDR. En la segunda etapa se desarrollarán las sesiones de la 3 a la 6, donde se produce la reprocesamiento del evento traumático, y en la tercera etapa (sesiones 7 y 8) se alivia y resuelve el trauma. Estas dos últimas etapas se relacionan con el Protocolo EMDR-IGTP-OTS adaptado para adolescentes en el que se ha sustituido el dibujo por el JCA.

Además, se han incluido ejercicios de estabilización, a parte de la Respiración Abdominal, para facilitar una herramienta de control en caso de necesidad, y la extensión de las intervenciones más allá de 2 días, por si se desea continuar con la dinámica escolar, incluyendo la actuación con EMDR sólo en la hora de tutoría.

La forma en la que se desarrollarán las sesiones individuales y grupales será la siguiente: se comenzará con las sesiones grupales dirigidas a los tres grupos bien diferenciados (profesores, padres y alumnos), éstas tendrán lugar tras la demanda por parte del Centro o bien porque mediante el test TABAE, que se pasará trimestralmente, se detecte algún caso. A continuación, tendrá lugar la intervención individual junto a la familia del menor, donde se obtendrá el Consentimiento Informado y el informe CBCL/6-18, posteriormente se realizará la intervención grupal con los alumnos.

Se realizarán evaluaciones pre, durante y postratamiento, en papel, evidenciándose una disminución en las puntuaciones tanto en sintomatología general, evaluada a través de los cuidadores principales (CBCL/8-16), como en Autoinformes del adolescente (SUDS), como en estrés postraumático (CITES-R), inadaptación (TAMAI) e ira u hostilidad (STAXI-NA).

Se hará el análisis mediante paquete estadístico, aplicando el contraste estadístico ANOVA. En los participantes se obtendrá un valor de $F=$ estadísticamente significativo, lo que evidenciará un efecto del tratamiento en la muestra estudiada.

El desarrollo de las actividades tendrá lugar en dos fases: en la primera fase se realizarán 3 sesiones psicoeducativas grupales, dirigidas a profesores, padres y alumnos. Las actuaciones se diseñarán teniendo en cuenta los aspectos sociométricos del grupo. En la segunda fase se realizarán las actividades dirigidas a la intervención con el adolescente a lo largo de 8 sesiones. El contenido de las acciones a realizar en cada una de ellas será el siguiente:

Primera fase:

Psicoeducación al profesorado

A los profesores se les proporcionará información sobre el objetivo de la reunión, el estado actual del bullying y sus graves consecuencias relacionadas con el estrés en los alumnos de secundaria, y qué se ha pensado hacer para combatirlo. Se les explicará igualmente qué es bullying y qué no es bullying, sus diferentes manifestaciones y dónde pueden tener lugar. Cómo se genera el trauma y sus consecuencias. En qué consiste la Terapia EMDR. En qué consiste el Programa ideado para este fin, quién lo dirige, qué miembros lo integran, y cuál sería su papel dentro del Programa, su responsabilidad y la importancia de su colaboración. Preguntar previamente sobre sus conocimientos respecto al tema y posteriormente abrir el turno de dudas y preguntas. Todo ello a través de la expresión oral, corporal, de PowerPoint, vídeos y folletos informativos, ejemplificando cada una de las situaciones o constructos que se vayan tratando.

Primeramente, por parte del psicólogo que dirige el Programa, y una vez presentado éste, indicar: el objetivo de la reunión es darles a conocer cuál es la situación actual del bullying, sus consecuencias y lo que se ha pensado hacer para paliarlas.

A continuación, se recomienda decirles: los estudios actuales arrojan un aumento de las situaciones de bullying en todo el territorio nacional, incluido el Instituto donde nos encontramos, con elevada incidencia en los alumnos de la ESO y con preocupantes consecuencias, entre las que se encuentra el estrés, pudiendo llegar al suicidio en casos extremos. Cuando estos altos niveles de estrés permanecen más allá de los 3 días pueden provocar cambios en el comportamiento del alumno o en su rendimiento; si no se trata y sus efectos superan el mes, éstos pueden llegar a cronificarse provocando un trauma, siendo muy difícil una curación espontánea, pudiendo afectar en su vida de adulto. Si la víctima se siente desbordada por esta situación, puede experimentar un intenso estrés que le genera un trauma. El trauma infantil crónico produce respuestas de estrés hormonal en modo de emergencia. Estos altos niveles de hormonas pueden producir cambios en la estructura y función del cerebro y el cuerpo en desarrollo. El córtex prefrontal, se inhibe y el aprendizaje se dificulta. Aumentan las probabilidades de problemas de conducta o del aprendizaje. Esta situación no solo afecta a la víctima que lo sufre sino también a los agresores o aquellos alumnos que lo ven o se lo cuentan.

Por la importancia que tiene actuar lo antes posible, se ha pensado en implantar un Programa dentro del currículo académico, para alumnos del primer ciclo de ESO, que utilice un método validado para este tipo de trastorno, pudiendo ser extensible al resto del alumnado. Para que conozcan la Propuesta se les va a exponer aspectos relacionado con el bullying, el estrés, el trauma, el método EMDR y cómo puede ayudar el método EMDR a superarlo, por qué la conveniencia del trabajo grupal y su implantación dentro del currículo escolar, su responsabilidad y la importancia de la colaboración del profesorado. ¿Alguien tiene conocimientos sobre lo que se va a tratar?

Seguir informando: se considera bullying cuando se realiza un acto físico como cuando se realiza de forma verbal, siempre que este último sea repetitivo, prolongado en el tiempo, con la intención de provocar daño y en desigualdad de condiciones. Los lugares más frecuentes son el patio, pasillos, baños…aquellos alejados de la vista de los profesores.

Para explicarles de qué forma un trauma afecta al cerebro, se puede usar la explicación pedagógica de Daniel Siegel en

Baita (2016), para ello con la mano cerrada se les dirá: el cerebro dividido en varias regiones, tiene un desarrollo en secuencias desde la muñeca (tallo cerebral, encargado de las funciones básicas, como el ritmo cardiaco, la temperatura, etc.), el sistema límbico (representado por el pulgar, encargado de la supervivencia, emociones y memoria) y la corteza cerebral (representada por los dedos curvados, *cerebro pensante*, encargado del razonamiento y el procesamiento de la información. Las tres regiones que deben funcionar de forma interconectada para procesar las experiencias en sus diferentes formas causa-efecto (evento, emoción, cuerpo, reacción y pensamiento) dejan de hacerlo cuando sufren un evento traumático, por ello muchos de ellos responden con un no sé ante nuestras preguntas.

Ello significa que cuando un evento se experimenta de forma continuada, como peligroso real o imaginado, como el bullying, la parte del cerebro más primitiva, trabajará a tiempo completo para preparar al adolescente para su defensa, y adaptarse a una experiencia que se está haciendo más o menos permanente. De esta forma, la capacidad de la corteza no regulará bien las reacciones (provocándose ira, llanto, etc.), y las zonas del cerebro más nuevas, se organizarán, reflejando este funcionamiento desadaptativo. Es por ello, que los adolescentes, ocupado su cerebro en la defensa, su capacidad se verá limitada para aprender las materias del currículo.

Así, en este sentido, el cerebro nos ayuda a responder al peligro, activando el sistema simpático (excitabilidad) o el parasimpático (embotamiento, anestesia emocional, distanciamiento de la realidad). Cuando el evento no cesa, el organismo no puede volver a su estado inicial de tranquilidad, pudiendo reaccionar de manera desproporcionada ante cualquier estímulo por pequeño que parezca, porque está invadido por la sensación de peligro inminente e inseguridad y se centra en su supervivencia. Cuando esta repetición del evento se da en edades como la niñez o la adolescencia, etapas críticas para el desarrollo, tiene la capacidad de poder modificar la estructura cerebral.

Sobre la Terapia EMDR indicar: EMDR es un método que ha demostrado su eficacia en el tratamiento de estrés postraumático de forma individual y grupal, y parece que estimula la información, permitiendo al cerebro reprocesar la experiencia traumática. Con este método se ayuda al cuerpo y a los pensamientos de los adolescentes a liberarse de las influencias del evento del bullying a través de un ejercicio de EB, llamado el Abrazo de la Mariposa, para liberar la emoción y el recuerdo conservado en su cerebro. También se utiliza el ejercicio del Lugar Tranquilo, la Respiración Abdominal y otras técnicas para que se puedan relajar y fortalecer sus recursos. A continuación, nos centraremos en sus pensamientos, emociones y sensaciones corporales para que conecten lo que aprendieron de forma desadaptativa en sus memorias corporales, y así poco a poco con la exposición in vivo, sus cerebros irán haciendo conexiones más adaptativas y con ello se resuelve este trastorno. Este ejercicio se utiliza junto con un juego llamado la Caja de Arena en el que no hace falta que hablen y en el que su intimidad y seguridad están preservadas de miradas del resto de compañeros.

Respecto al Programa, se puede decir lo siguiente: el Programa va a estar dirigido por un psicólogo que domina esta terapia, con aptitudes pedagógicas. Estará asistido por personal experto en EMDR y habrá un psicólogo externo que ayude en la segunda parte, en la obtención de las mediciones psico-métricas posteriores al tratamiento. Estas mediciones se realizarán de manera programada a la semana, al mes, a los 3, 6 y 12 meses. La intervención se iniciará después de estudiar los casos, no antes del quinto día tras el evento. Los integrantes sólo serán alumnos de primero de ESO, con edades comprendidas entre 12-16 años, a los que se le haya diagnosticado el caso como bullying, y cumplan los criterios de inclusión y exclusión. Se desarrollará la intervención a lo largo de 5 días en el horario de tutoría, preferiblemente, o según disponibilidad del Centro en horario de mañana o tarde. Tras la intervención se pondrá en conocimiento los hallazgos y resultados encontrados.

El conocimiento del caso del bullying podrá tener lugar, a través del propio alumno que se ponga en contacto con vosotros o el psicólogo, cualquier trabajador del Centro que lo notifique, por denuncia externa por parte de las autoridades, o bien a través del test TABAE que se administrará cada tres meses, como detector preventivo de esta situación, de la mano del tutor u orientador, y posteriormente el test AVE para diagnosticar un caso de bullying.

Relacionado con su responsabilidad y colaboración, decir: en el caso del profesor, los responsables del centro escolar han de responder al no adoptar las medidas que eviten, palíen o erradiquen esta situación de bullying (derivada por la existencia de culpa por parte del profesor en la no vigilancia de los alumnos). El Centro podrá exigir en su caso al profesor responsabilidad individual por este hecho.

Se puede finalizar diciendo: el profesor o tutor que ayude al psicólogo sólo lo hará en algún aspecto, pero no se realizarán comentarios, ni se fisgoneará en las representaciones de los alumnos sobre la Caja de Arena. Podéis ayudar trayendo más figuras (las que ellos elijan) para que los alumnos completen su representación, ayudando en la asignación de números al grado de malestar, recogida de material y observando las respuestas de los alumnos, en caso de dudas avisaréis al psicólogo. Estaréis acompañados en todo momento con el psicólogo. Es muy importante vuestra colaboración, tanto para estrechar la vigilancia cuando se sospecha de un caso de bullying como para la ayuda en la realización de la intervención. Es primordial que el adolescente sienta que se encuentra realmente en un ambiente seguro, por lo que se ha de prestar atención a sus relaciones con los demás, recordándole que se encuentra en un lugar seguro. Cuando un alumno os informe de una posible situación de bullying, no preguntéis qué pasó, sino más bien que expliquen lo que les pasó, porque para ellos puede resultar difícil explicar que le sucedió, bien porque no lo recuerdan, bien porque les produce miedo o vergüenza. No se recomienda la confrontación ni la realización de reproches.

Al finalizar las sesiones se dedicará un tiempo para vuestro autocuidado (patrones de sueño, gestión de emociones), por si alguno de vosotros necesitara ayuda tras asistir a los alumnos. Para conocer vuestra opinión respecto al alumno, se os pasará un cuestionario, que se ha elaborado para tal fin, antes de la intervención y tras la intervención. ¿Tenéis alguna duda o pregunta?

Psicoeduación a padres

En el taller de psicoeducación a los padres, primeramente, se les informará de cuál es el objetivo de la charla, se les proporcionarán nociones sobre el bullying y sus consecuencias; la relación entre el bullying, el peligro y cómo se genera el trauma; cómo se puede tratar con la Terapia EMDR, en qué consiste esta terapia y su inclusión dentro del Programa creado. Su responsabilidad como padres y cómo pueden ayudar a sus hijos. Previo a ello se les preguntará sobre sus conocimientos sobre el tema, para finalmente abrir turno de dudas y preguntas. Las explicaciones en este taller se realizarán verbalmente, mediante PowerPoint, vídeos, folletos informativos y páginas web de consulta.

Se puede comenzar diciendo: en la charla lo que se van a tratar son aspectos relacionados con el bullying, sus signos de identificación, su responsabilidad como padres y cómo pueden colaborar. Las consecuencias que tiene el bullying sobre el estrés y qué hace que se provoque un trauma, y por qué es neceario recibir un tratamiento. Veremos cómo se puede ayudar a vuestros hijos mediante la Terapia EMDR, dentro del Programa que se desarrollará en el Centro, para que los alumnos afectados puedan recibir ayuda lo antes posible. ¿Aguno de vosotros tiene conocimientos sobre lo que se va a tratar?

Continuar diciendo: todas las personas estamos preparadas para responder ante los peligros, y esto está relacionado con la necesidad de sobrevivir a las dificultades. Hay diferentes respuestas ante el peligro, cuando somos adolescentes, en especial ante situaciones determinadas como es el bullying, el cerebro es tan inteligente que elige la respuesta que mejor se adapta a esta circunstancia. Si el peligro dura mucho tiempo, el cerebro se acostumbra a responder de manera rápida y más, ante más estímulos. De esta forma, cuando el peligro ha pasado el cerebro ha quedado sensibilizado y le cuesta poder darse cuenta que no hay peligro real, sino que ya pasó, y entonces cualquier cosa por pequeña que parezca le puede recordar aquella situación de bullying (amenaza) que vivió, respondiendo el cerebro como lo hizo entonces, como medida de protección.

Para indicarles cómo los seres humanos respondemos al peligro se les puede ejemplificar: imaginad que estáis en el cine tranquilamente y de pronto se escucha, fuego, ¿cuál sería nuestra reacción?, ¿nos quedamos tranquilamente viendo la película?, o por el contrario averiguamos si es verdad, o lo confirmamos con el olor a humo o vemos el fuego, y en este caso, ¿nos levantamos y salimos del cine?, y ¿lo hacemos tranquila y ordenadamente, o lo hacemos de prisa?

La forma en la que realizamos esta primera reacción (alerta), las conductas que realizamos (por ejemplo, nos levantamos y corremos), las emociones (miedo), lo que sentimos en nuestro cuerpo (latidos rápidos del corazón, sudor en las manos, respiración agitada, temblor en las piernas); todo esto constituye la respuesta de alarma ante una situación real o potencialmente peligrosa.

Ahora imaginamos que ya fuera de la sala y del peligro, cuando nos sentimos seguros y a salvo en nuestra casa, imaginamos lo que hemos vivido y de nuevo se vuelve a acelerar el corazón, las imágenes, aunque cerramos los ojos para tratar de no ver y sacudimos la cabeza se nos meten en ella. Les contamos a otros lo que hemos vivido y en nuestra narración aún existen restos de ese miedo. Unos días más tarde (más allá de 3 días), alguien o nosotros mismos, nos damos cuenta que nos asusta más de lo normal el sonido de una sirena y tenemos la sensación de oler aún a humo.

Cuando estamos ante una situación de peligro, reaccionamos para sobrevivir respondiendo luchando, huyendo o congelándonos, sometiéndonos. Esta reacción no pensada, se activa automáticamente (porque nuestro cerebro está preparado para dispararla) para adaptarse a las necesidades de ese momento, pero ¿por qué a un adolescente una exposición prolonga a eventos traumáticos afecta a su desarrollo?

Algunas personas que han vivido situaciones traumáticas sufren síntomas que no cesan y continúan causando malestar. Los traumas que se han vivido de manera continuada, aunque aparentemente no se consideren de gravedad, pueden producir las mismas consecuencias que un trauma grave único, estos son los casos que se producen en las relaciones de compañeros entre adolescentes, que ocupan un papel muy importante, sobre todo por la edad en la que se producen, donde el cerebro puede sufrir modificaciones que provoquen problemas mentales, pudiéndose alargar hasta la vida adulta.

Para explicarles las consecuencias del trauma, se recomienda decir: después de un evento relacionado con el bullying, algunos adolescentes ven el mundo como peligroso, que es impredecible. Sienten que no tienen el control o que no son capaces de afrontar situaciones que han vivido. Otra consecuencia es que la víctima desarrolla un autoconcepto negativo sobre sí misma. Estos pensamientos provocan ansiedad, depresión, evitación y aumentan los síntomas del estrés postraumático. Como consecuencia de estas creencias, pueden sentirse continuamente estresados, y por ello, sentirse con menor capacidad de afrontar las situaciones que requieren una responsabilidad en el quehacer diario.

Como consecuencia de esa hiperactivación prolongada, se incrementa la posibilidad de mayor desregulación emocional, lo que interfiere en su capacidad de aprendizaje. Aunque el peligro ha cesado, su cerebro sigue funcionando como si existiera, en modo de supervivencia. El miedo lo abarca todo, no puede pensar ni contextualizar. Esta reacción automática condiciona la posibilidad de aprender nuevas experiencias. Así, el sentido de seguridad y peligro en cada lugar o situación quedarán trastocados.

Los estudios indican que un cuidador cariñoso y receptivo puede ayudar a su hijo a estar protegido de la respuesta tóxica de estrés, proporcionándole un entorno seguro en el cual el cerebro se recupera y el trauma cesa. Pero a veces, un hogar seguro y con amor no es suficiente, necesitándose terapia.

Así, aunque los adolescentes pueden realizar conexiones de recuerdos a memorias más adaptativas, carecen de la experiencia, la información y el juicio del adulto. Por lo que una actuación del psicólogo y los padres es fundamental para proporcionarles confianza. Por otro lado, los padres o cuidadores principales, pueden incurrir en responsabilidad civil por daños y perjuicios causados por actos ilícitos de sus hijos al no ejercer sobre ellos la vigilancia de sus actos, o subsidiaria (civil y penal).

Se están usando diferentes terapias para que los adolescentes se recuperen del trauma. Este Programa destaca la terapia con EMDR, junto con la expresión creativa a través del juego, como modalidad para este trastorno. Con una terapia adecuada los adolescentes traumatizados pueden mejorar y llevar vidas felices con relaciones afectivas saludables.

En este sentido, a veces os podréis dar cuenta de las cosas que hacen que vuestros hijos reaccionen de esta forma, por ejemplo, si oyen golpes, sirenas. Pero otras veces, no será fácil identificar la causa que provoca la reacción de vuestros hijos, pues puede tratarse de un estímulo interno, que es inaccesible a los ojos del adulto

En el caso de los adolescentes, estas situaciones de estrés agudo o crónico varían en sus manifestaciones a las del adulto, pudiendo manifestarse a través de comportamientos agitados, como síntomas físicos, sueños terroríficos, pesadillas, conductas repetitivas o juegos simbólicos (por reexperimentación de la situación) o retraimiento, inquietud, problemas de sueño, disminución del interés y de la atención. También, pueden aparecer manifestaciones de rabia, Adicciones o autolesiones por su falta de control sobre los impulsos; embotamiento, amnesia, culpa, angustia, vergüenza, desconfianza, miedo, desesperanza a cerca del mundo y el futuro, con la creencia que nadie les entenderá jamás.

Será a través del método EMDR, que, mediante el JCA, se pueda acceder a este estímulo interno y poder sanar el trauma, usando además el ejercicio de la mariposa. Será aquí, cuando mediante representación gráfica, se ejemplifique cómo se realiza y cómo la pueden realizar a sus hijos.

Sobre la intervención, se les puede decir: la intervención estará centrada en el tratamiento de la ansiedad y sus síntomas asociados con el trauma, así como en las dificultades para afrontar las tareas de la vida diaria que se realizaban sin dificultad antes del trauma. En los primeros días de la terapia, puede que los síntomas se vean agravados, con aumento del miedo o la frecuencia de sus recuerdos no controlados sobre el hecho relacionado con el bullying, no significa que la terapia esté fracasando, sino que es una señal de que se va en la dirección correcta, y el material que estaba guardado en su Caja, de forma desorganizada y disfuncional, se ha accedido y se está procesando de manera adecuada y adaptativa. Cuanto más progrese el tratamiento y las memorias se procesen y organicen, mayor será la debilidad de los síntomas y emociones hasta que se hagan tolerables o desaparezcan completamente. El objetivo es aliviar su sufrimiento y mejorar su calidad de vida de forma considerable.

Respecto a los signos que indican si vuestros hijos pueden estar sufriendo bullying se encuentran los siguientes: más retraídos, más irascibles, no quieren ir al Instituto, problemas gástricos, sin ilusión por hacer cosas, no quieren ir con los amigos del Instituto, conductas autolesivas, consumo de alcohol, tristes, apáticos, disminuye su rendimiento académico, aparecen con arañazos o golpes. Se asustan fácilmente sin motivo alguno, están nerviosos, con conductas sexuales desorganizadas; no obstante, el adolescente que agrede, miente o roba también puede que sea víctima también del bullying. Este tipo de conductas son frecuentes en estos traumas, cuyo origen son las relaciones personales entre adolescentes.

Finalmente, se les darán algunas recomendaciones para favorecer la conexión y cooperación con sus hijos: todos los adolescentes necesitan sentir la seguridad, que el adulto los conoce bien, se preocupa por ellos, les enseña a comportarse de manera adecuada y les protege. Una forma en la que vosotros como padres podéis ayudar, es diciendo cuáles son los puntos fuertes que veis en vuestros hijos, escribirlos sobre un papel, para que ellos los vean.

Una forma que tienen los adolescentes de regularse es a través de sus padres, mostrando una relación donde el adolescente se sienta seguro, sin recriminaciones. En esta página web, podéis encontrar información sobre cómo ayudar a vuestros hijos a contenerse emocionalmente, www.nctsn.org/content/psychological-first-aid.

También podéis ayudarles dándoos cuenta de las cosas que hacen y haciéndoselo saber (me gusta la manera en que...), dando instrucciones positivas, dándoles la oportunidad de rehacer (puedes hacerlo), asegurándoos de que vuestros hijos se sientes en seguridad, modelad lo que queréis oír (me gustaría oírte decir, no gracias), estableciendo contacto visual (sonriendo cuando les hagáis peticiones), marcando límites (insultar no está bien), enseñándoles a hacer peticiones...Crear un ambiente confortable, seguro y confiable para vuestros adolescente, evitando avergonzarle o juzgarlo y motivarlo. Evitar etiquetas de irresponsable, vago o desorganizado, porque el adolescente no lo hace con intencionalidad. Dadle un abrazo matinal todos los días, etc. ¿Alguien tiene alguna duda o pregunta?

Psicoeducación al alumnado

Para que los adolescentes comprendan lo que les pasa sin que se sientan etiquetados "soy un trastorno de estrés…", serán ellos, los que lleguen a sus propias conclusiones con nuestra información; para ello se les hablará sobre la naturaleza de la ansiedad, el miedo y el trauma, el papel tan importante que tienen los pensamientos, a través del modelo de Ellis y Beck (A-B-C), y por qué es necesario recibir un tratamiento. Para que no se creen falsas esperanzas, pero sí la idea preventiva, también se les indicará que el objetivo del Programa no es que no se sienta ansiedad (algo que es normal), sino proporcionarles herramientas que les ayuden a afrontar la intensidad de su ansiedad y los síntomas asociados al trauma, para afrontar situaciones que les resulten difíciles tras el evento traumático. También se les indicará que para que comprueben lo que les decimos, no es suficiente con la explicación que les damos, sino que, a lo largo de la intervención, se realizarán ejercicios para poner a prueba sus miedos como fruto de un círculo vicioso, donde el peligro no existe. Les indicaremos que ellos como alumnos tienen el derecho de asistir a clase a aprender y el Instituto la obligación de garantizar un lugar seguro.

Nuestras explicaciones serán positivas y no catastróficas, ayudándoles a ver que es una reacción normal del organismo cuando consideramos que nos encontramos ante una situación de peligro inminente. A través del discurso socrático, mediante preguntas abiertas se les ayudará a entender estas reacciones, por qué ante situaciones inofensivas, fruto de las interpretaciones, las consideramos amenazantes. Para nuestras explicaciones se utilizarán metáforas, PowerPoint, vídeos ilustrativos y expresiones corporales.

Se pude comenzar diciéndoles: la ansiedad en sí no es algo malo, sino que cumple la función de supervivencia, de escape ante situaciones que realmente hay que temer (por ejemplo, la escena del león). Hay una triple respuesta de ansiedad (cognitiva, conductual y fisiológica), y, a diferencia del mundo animal en los seres humanos, las consecuencias de dicha lucha se manifiestan tanto físicamente, psicológica y socialmente. Cuando este estado de alerta se mantiene activado, más allá de 3 días, puede aparecer un estado de estrés agudo, que puede cesar de forma espontánea, pero que con frecuencia sin la ayuda de un especialista perdura más allá de un mes, y se convierte en algo crónico, generando consecuencias perjudiciales.

Para el trauma, se utilizarán metáforas o analogías, pues los adolescentes que han experimentado un trauma tienden a evitar cualquier cosa que se lo recuerde. Se puede utilizar la analogía del Archivo. Se les dirá: cuando se han vivido experiencias desagradables o negativas, el cerebro forma *archivos* para contener los pensamientos, sentimientos y sensaciones corporales conectadas a ese archivo.

Cuando las cosas que nos pasan no son demasiado malas, el cerebro puede trabajar con esos archivos antes de almacenarlos y guardarlos en forma de recuerdo. Así, los recuerdos almacenados se han clasificado y guardado para dejar ir las cosas negativas, y guardar las positivas aprendiendo de esta experiencia. Sin embargo, cuando lo que nos ha pasado es muy malo o nos ha pasado varias veces, estos archivos no se pueden clasificar porque el cerebro se satura y quedan en pedazos. Diferentes situaciones que ocurren fuera o dentro de nosotros pueden hacer que estos archivos, como cuando hacemos clic con el ordenador salten, y hagan que actuemos con respuestas exageradas, repitamos las mismas respuestas, etc., o casi no reaccionemos porque nos quedamos colapsados.

Sobre EMDR, se les puede decir: conozco un método, que puede ayudaros a clasificar esos archivos, juntando los pedazos y organizándolos, para que cuando alguna situación o persona hagan clic, no tengáis esos sentimientos y pensamientos negativos.

Para explicarles la técnica, decir: cuando hagamos EMDR, pensaréis en las cosas desagradables que os han pasado en la relación con los compañeros, y utilizaréis la Caja de Arena con figuras que representen estas escenas, mientras os hacéis el Abrazo de la Mariposa. Cuando se hace esto, el cerebro puede comenzar a clasificar los archivos, juntando las piezas y organizándolas para que podáis dejar los pensamientos, sentimientos y sensaciones de vuestro cuerpo que son desagradables, y quedaos con las agradables. Si tenéis problemas para haceros el Abrazo de la Mariposa, la persona de apoyo o el psicólogo os puede ayudar.

Para evitar que se asusten, si experimentan emociones negativas y abandonen el tratamiento buscando una mejoría inmediata, les explicaremos: si comenzáis a tener pensamientos, emociones o sensaciones en vuestro cuerpo que os molesten, es una señal de que vuestro cerebro os está dejando trabajar con esos archivos y que están apareciendo las piezas sueltas para que el cerebro pueda juntarlas y ordenarlas. Es importante que dejéis que vuestro cerebro haga el trabajo; no obstante, si os resultara demasiado difícil acceder a esos recuerdos desagradables del bullying, podéis parar en cualquier momento y dejar de hacer EMDR levantando la mano o diciendo que queréis parar.

Para trabajar su miedo al acceso a esos recuerdos del evento y que no experimenten miedo al miedo, se enfatizará la conciencia en el presente y se les dirá: simplemente lo que haremos es visitar esos recuerdos un momento en la mente, y podréis iros y volver en cualquier momento. Allí no vamos ni a volver ni a quedarnos. Estos hechos no están sucediendo otra vez y nadie os va a hacer daño mientras visitáis esos recuerdos. Recordad que estáis a salvo en el aquí y ahora. Se deben ofrecer al adolescente suficientes recursos que aumenten su sensación de seguridad y contención (Gómez, 2016).

Para informarles sobre el trauma, se les puede decir: el trauma es la consecuencia que produce la exposición a determinadas situaciones que por sus características sobrepasan la capacidad de hacerles frente, o situaciones en las que, aunque hayamos salido de forma exitosa a primera vista, no deja de recordarnos sus efectos. Y lo hace de una manera que lejos de reforzar nuestra percepción de que hemos superado el peligro, nos deja atrapados en una especie de hechizo maligno. Aunque el peligro haya pasado, cualquier cosa que se le parezca en el presente, revive aquella sensación, y que incluso, es posible que ni recordemos el peligro pasado, y, aun así, continuemos sufriendo (sin entender por qué) diversos malestares, como miedo irracional, pesadillas, imposibilidad de hacer algunas cosas, dificultad para recordar lo que estudiáis, ira, llanto, recordar continuamente el suceso del bullying, rechazo a determinados lugares, a personas, a sabores u olores. Otras veces, la costumbre a dichas situaciones formará parte de nuestra vida diaria, y entonces, os puede resultar difícil reconocer de forma adecuada el peligro.

Así, diferentes sucesos o situaciones pueden producir un trauma: catástrofes naturales, como las inundaciones, incendios, huracanes; guerras, ataques terroristas; accidentes en los que nuestra vida o la de alguien al que queremos corre peligro, así como el presenciar dichos accidentes, aun cuando no nos haya pasado nada físicamente; la separación prolongada de los padres...o la violencia entre los compañeros como el pandillismo o el bullying, el cual puede ir desde el maltrato físico, al maltrato verbal y emocional, y en los casos más extremos puede acabar en muerte.

Para que se experimente cómo la memoria queda atrapada en el cuerpo, a través de un ejercicio, se les puede decir: tratad de recordar una comida o dulce que os guste, tratad de imaginarlo, ¿qué os viene a la memoria? Ahora, comprobad cómo sentís en vuestro cuerpo lo que os gusta ese alimento. A continuación, mediante ilustraciones con PowerPoint y vídeos, se les facilitará la compresión del mantenimiento del trauma y el abordaje que se va a llevar en el Programa para romper lo que mantenía el problema.

También explicar cómo la evitación hace que el problema se mantenga: una de las causas que hacen que los síntomas persistan tras el bullying es la evitación de recuerdos, pensamientos, situaciones y sentimientos relacionados con éste. Es normal que tras una situación traumática las personas deseen olvidarlo y evitar los recuerdos, situaciones y pensamientos que nos causan sufrimiento y malestar. La evitación a corto plazo ayuda a reducir el malestar, pero a largo plazo te hace estar prisionera de tu vida, impidiéndote realizar cosas que te gustaría hacer o tomando decisiones equivocadas. Las consecuencias de esta evitación es que se mantienen los síntomas e impiden que esta situación crónica de estrés se cure (se les pedirá a los alumnos si pueden recordar cosas que habían evitado hacer tras el evento del bullying); sin embargo, cuando decidimos vivir las situaciones evitadas como consecuencia del evento, los recuerdos y las sensaciones físicas (aunque al principio nos parezcan dolorosas), será cuando volvamos a controlar nuestra vida.

El propósito de que sea una intervención grupal es reunir a los alumnos que estáis viviendo la misma situación, de forma que la experiencia individual pueda servir al resto a la hora de superarlo; no obstante, también existe la posibilidad de realizarlo de forma individual o si al final de la intervención grupal que durará 5 días, alguien quiere profundizar o se ha quedado algún tema pendiente puede acabar de forma individual.

Para motivar a los adolescentes (particularmente reacios a que conozcamos lo que hay en su interior) hacia la intervención, se podría usar la metáfora del cuento de la *Casa tomada*, de Julio Cortázar en Baita (2016). En la que dos hermanas que vivían en una casa comenzaron a escuchar ruidos. Éstas que no querían conocer la causa del ruido cerraron la habitación de dónde provenía el ruido. Pero cada día surgía un nuevo ruido que les obliga a ir cerrando una nueva habitación. Finalmente, terminan cerrando la puerta principal de la casa, quedándose en la calle, sin nada, en lugar de enfrentarse a los fantasmas, perdiéndolo todo.

A continuación, se les dirá: además de superar vuestra dificultad con esta intervención aprenderéis algo que os proporcionará control sobre vuestras emociones y conductas porque dependen de vuestras creencias, de esta forma aprenderéis a ser felices y a realizar aquello que queráis, pues superándolo os conoceréis más a vosotros mismos y a manejar vuestra mente. Os daréis cuenta que este evento traumático sólo es un mal recuerdo.

Vuestros propios cerebros serán los que harán la curación y vosotros los que tendréis el control sobre lo que queráis o no hacer, y lo que hagáis no conllevará peligro alguno, yo estaré ahí para acompañaros en todo momento. Una vez consigáis esto, habréis superado vuestra dificultad y podréis reíros de los antiguos temores. ¿Queréis realizar el tratamiento?

Finalmente, se les indicará: tenéis el derecho a asistir al Centro a aprender sintiéndoos seguros y que nadie os cause daño alguno físico o psicológico, pero también tenéis la obligación de respetar a los profesores y a vuestros compañeros. En caso contrario tanto el Centro como las autoridades judiciales pueden actuar con medidas disciplinarias, expulsándoos del Centro o siendo internados.

Segunda fase:

1ª Sesión: Historia, Evaluación y Planificación del tratamiento (sesión individual)

En esta segunda fase tendrán lugar las intervenciones grupales e individuales del protocolo. Se comenzará con la realización de la historia clínica del adolescente, con un tiempo estimado de 90 minutos, mediante un abordaje individual donde la familia estará presente, aunque se tendrá en cuenta la opinión del adolescente. Se finalizará con la sesión de reevaluación grupal. No obstante, aunque la sesión de cierre se describe con entidad propia, ésta puede igualmente quedar integrada en la sesión anterior.

En esta primera sesión, con el propósito de establecer un plan de tratamiento adecuado se registrará el historial psicosocial del adolescente a través de la entrevista (problemas médicos, medicación, lesiones cerebrales, patrones de sueño, ideas o intentos suicidas, autolesiones, terapia actual para este trastorno, historia de abuso con sustancias tóxicas, relación con sus amigos, familia, historia escolar, debilidades y fortalezas), se determinará si nos encontramos ante una situación de bullying y si se trata de un trauma "T"(violencia física/simple) o trauma "t" (acoso continuado/complejo) y se evaluarán los criterios de selección del adolescente según el DSM-5 (2014). Se evaluará igualmente la idoneidad para recibir el tratamiento con EMDR, valorando su estabilidad personal y ambiental, su capacidad para manejar niveles altos de perturbación y las limitaciones actuales del adolescente.

Para ello, se realizará un registro de conductas disfuncionales, síntomas, disparadores actuales y recursos personales. Si el adolescente es apto para recibir el tratamiento, se diseñará un plan de secuencia de blancos en orden al pasado, presente y futuro. Para identificar los blancos o dianas a procesar y siguiendo el modelo de los tres vértices de Shapiro (2004), precisaremos los recuerdos (almacenados disfuncionalmente que pudieran subyacer a los síntomas actuales) que han generado la patología (pasado), las situaciones o personas actuales que estimulan la disfunción (presente/disparadores) y los integrantes necesarios para proyectar un patrón de conducta que el adolescente desee (futuro). El psicólogo adoptará una actitud de escucha activa, favoreciendo la creación de un ambiente de confianza y seguridad, en pro de facilitar una buena alianza terapéutica con el adolescente y cuidadores principales.

Se indicará al adolescente que se le va a preguntar sobre su problema, historial médico, físico y psicológico, escuela y familia. Se le dirá: la idea es conocerte, para con tu ayuda, poder tomar la mejor elección sobre cómo iniciar tu proceso de recuperación. Una vez hayamos completado esta fase, juntos realizaremos un plan de tratamiento y decidiremos cómo lo vamos a hacer. Por favor, déjame saber, si hay algo importante que no te he preguntado.

Así, haciendo un análisis funcional y topográfico, en busca de la causa inicial, se registrarán los problemas que presenta (comportamentales, emocionales, somáticos y creencias negativas), los síntomas postraumáticos que presente el adolescente, como pueden ser, inquietud, pena, pensamientos terroríficos, pesadillas, flashbacks (recuerdos) o síntomas de evitación, y los acontecimientos pasados. También se observarán aquellos síntomas que presenta pero que no comenta (miedos) y las características que necesitan ser atendidas. Se anotará el motivo por el cual viene en estos momentos a solicitar ayuda. Se le preguntará: ¿qué te pasa?, ¿qué sientes?, ¿qué síntomas tienes?, ¿en qué momentos o situaciones del día te pasa (disparadores)?, ¿en qué lugares?, ¿con qué intensidad?, ¿hay algo que dejas de hacer cuando te pasa (ganancias secundarias)? y ¿cuándo empezaron los síntomas? Para la historia del síntoma, se preguntará: ¿cuál fue la primera, peor y última vez? A veces no hay recuerdos clave que procesar, como ocurre con el estrés continuo, eventos relacionales o hechos traumáticos recientes, como es el caso que nos asiste, por lo que nos centraremos en el último suceso y no en el primero (como sería el caso con el Protocolo Estándar).

De esta forma, y en presencia de la familia, pero teniendo en cuenta la opinión del adolescente, el psicólogo le pedirá al adolescente que haga una breve descripción en forma narrativa del suceso relacionado con el bullying, justo antes del evento hasta el momento presente. Se le dirá: sólo dame una breve descripción de lo que sucedió. Identificaremos fragmentos separados del evento, pero sin indagar en la historia inicial del adolescente o los aspectos más inquietantes, para ello se le dirá: sin detalles, cuéntame sobre los diferentes aspectos de lo que te sucedió, que sean importantes para ti.

A modo de resumen: del pasado obtendremos el evento a reprocesar, identificando la diana; del presente, el disparador actual; y del futuro, las metas que el adolescente desea alcanzar.

En torno a la relación del adolescente y sus progenitores o cuidadores principales, nos interesaremos por cómo reacciona la familia ante esta situación para conocer si validan o no. También es de interés saber cuáles consideran serían las fortalezas o recursos de su hijo, y a éste, cuáles considera como sus cualidades (cualquier aspecto vale, incluso el haber venido a terapia). Así, el psicólogo realizará en papel un dibujo con un círculo y unos radios, donde va anotando lo proveniente de los padres y del adolescente (ejercicio de la *Rueda de Poder*). Este ejercicio le sirve al adolescente para hacerse más consciente de las fortalezas que le ayudan en la vida, y posteriormente lo podremos usar en la reprocesamiento, colocándolo sobre su mesa para que lo pueda ver con facilidad. Mediante el informe de CBCL/6-18 (Achenbach y Rescorla, 2001), que los padres realizarán por escrito, sabremos sobre sus competencias y problemática observadas en su hijo.

Con objeto de valorar si es acto para el tratamiento, se analizarán sus limitaciones actuales: físicas (daños neurológicos, problemas respiratorios, cardíacos, embarazo, ataques epilépticos o problemas oculares), tratamientos psicológicos actuales por el mismo problema, tratamientos farmacológicos (diazepam o similares), problemas psiquiátricos graves (esquizofrenia, paranoia...) o no disponibilidad en esos días (horario, viajes, vacaciones...). Se analizará su estabilidad emocional y ambiental: capacidad para manejar niveles altos de malestar fruto del reprocesamiento de memorias no adaptativas, y apoyos vitales (familiares, amigos, cuidadores...), con los que se pueda contar en caso de desregulación entre sesiones.

Finalmente, su capacidad de usar técnicas de autocontrol, mediante ejercicios de autorregulación como es la Respiración Abdominal, se le dirá: conozco un ejercicio de respiración que te ayudaría a estar más tranquilo si tú quieres, ¿quieres probar?, se le guiará así: cierra los ojos, pon una mano en tu estómago e imagina que tienes un globo dentro de tu estómago. Ahora, inhala por la nariz y observa cómo el globo crece, y mueve tu mano hacia arriba. Ahora puedes exhalar, despacio, con la boca entreabierta y ver como el balón se desinfla y tu mano se va hacia abajo. Pon toda tu atención en eso.

Si algo te distrae, regresa suavemente al ejercicio. Se continúa realizando el ejercicio durante 5 minutos. En este sentido, se solicitará el apoyo de los cuidadores o padres para ayudar a su hijo, realizándole si es preciso, el ejercicio de la mariposa, del cual ya les hemos instruido en la charla previa de psicoeducación.

En el plan de tratamiento se les dirá que primero se abordarán los recuerdos relacionados con el evento, después las situaciones del presente que los activan y finalmente una visión de futuro, ¿cómo desearías verte cuando acabemos la terapia?

Solicitar el Consentimiento Informado a los padres tras haber dado reporte de los hallazgos en la recogida de datos y evaluación. Se informará a los adolescentes de lo necesario para comprometerse con el tratamiento y dejar de sufrir, si él quiere.

En este punto, para determinar si nos encontramos ante un caso de bullying y discriminar entre violencia física o acoso escolar, se utilizará el test (AVE; Piñuel y Oñate, 2007). Para obtener unas primeras medidas que sirvan de referencia para la evolución de la reprocesamiento, se utilizará la Escala (CITES-R; Wolfe, Gentile, Michiezi, Sas y Wolfe, 1991), que evaluará las respuestas psicológicas ante eventos vitales estresantes en edades desde los 8 a los 17 años.

Resumiendo, para planificar el tratamiento, en la historia del adolescente deben figurar: nombre, fecha, síntomas, imágenes intrusivas, duración, causas, problemas adicionales, restricciones actuales, personas significativas en su vida, estado que desea alcanzar y capacidades o técnicas que el adolescente necesita aprender a solas o en grupo.

2ª Sesión: Preparación

Para el inicio de la segunda sesión en el tratamiento grupal, se ha establecido que los adolescentes se consideran aptos para comenzar a trabajar con este modelo, pues en ellos se observa una buena relación con el psicólogo, son capaces de manejar el estrés, dado que con anterioridad se les han enseñado técnicas de relajación. No se encuentran en situaciones críticas, pues no sufren abuso de sustancias tóxicas, no se encuentran en peligro de muerte ni existen intentos de suicidio graves, tampoco automutilaciones o comportamientos agresivos severos, conductas parasuicidas ni trastornos psiquiátricos graves. Se les considera pacientes estables, pues cuentan con estrategias de estabilización y autocontrol adecuados para disipar la perturbación, si fuese necesario durante el procesamiento o entre sesiones. Su estabilidad, además, se desprende de los adecuados apoyos vitales que poseen. Físicamente, se les considera individuos sanos, con disponibilidad en los días del tratamiento, y del relato se infiere un diagnóstico compatible con los criterios diagnósticos del DSM-5 (APA, 2014) para TEA o TEPT.

En esta sesión preparatoria también se procurará una buena relación con el adolescente, que le trasmita confianza y se sienta seguro, para ello, además, se favorecerá la cercanía y se captará su atención explicándole las diferentes técnicas a utilizar y cuáles son sus efectos. Se contestarán las preguntas y se iniciarán procedimientos de relajación (adicionales a las tratadas en la evaluación individual) y seguridad. Se enseñarán habilidades de afrontamiento (Lugar en Calma) de utilidad en la sesión o entre sesiones. Se explicará el método de funcionamiento de la EB (Abrazo de la Mariposa). Se les recordará que ellos tienen el control y que al levantar la mano (como señal de stop) se detendrá el proceso. Y también, que pueden experimentar perturbaciones durante las sesiones o entre ellas. Se ofrecerán algunas metáforas como Superar el Miedo a través de la experiencia de aprendizaje, para ayudar al procesamiento y motivación, explicándoles qué es lo que se puede esperar de sus efectos. Se les preguntará si quieren hacer el tratamiento.

Así, en la parte de psicoeducación, los 5-10 primeros minutos, se les dirá: esta sesión os prepara para aseguraros que tenéis los recursos necesarios para abordar la dificultad. Cuando hablamos de recursos, nos referimos a estrategias de afrontamiento. Los recursos son las formas en las que nos calmamos a nosotros mismos y manejamos nuestros sentimientos, pensamientos y sensaciones en el cuerpo, que nos perturban. Esta fase es muy importante para una adecuada resolución, que asegure que podemos manejar cualquier cosa que surja. Es como si estuvierais preparándoos para el invierno y así, cuando llegue la tormenta, estaréis preparados. Es en esta sesión cuando introduciremos los procedimientos concretos del método EMDR, para que vayáis familiarizándoos con ellos y podáis realizar tantas preguntas como queráis. El procesamiento con EMDR no comenzará hasta que vosotros y yo estemos preparados.

Se les recordará de manera sencilla, cómo actúa el método EMDR: cuando ocurre un hecho que os perturba, puede quedar encerrado en forma de imagen, pensamiento, sonido o sensación en el cuerpo en su forma original. Este material almacenado puede aparecer en forma de fantasías, imágenes del hecho real o sentimientos. EMDR parece que estimula esta información mal almacenada y permite que el cerebro, con ambos hemisferios, la procese y almacene de forma adecuada cuando realizamos la EB. Esto parece ser, que es lo que ocurre en la fase REM del sueño, cuando se producen los MO rápidos. Es vuestro propio cerebro el que consigue la curación y vosotros los que tenéis el control, ¿queréis hacer el tratamiento?

Esta sesión comenzará en un primer momento, con ejercicios de integración, en la que los adolescentes se familiarizan con el entorno en el que van a jugar. Se les muestra la Caja de Arena y las figuras a utilizar. Se les enseña el ejercicio del Abrazo de la Mariposa y se realiza ejercicio de Relajación y Enraizamiento.

Al final de esta primera parte de preparación, y durante unos 20 minutos, para una valoración del cambio comportamental se administrará el test (TAMAI; Hérnández-Guarnir, 2009) y el Inventario (STAXI-NA; Del Barrio, Aluja y Spielberger, 2004; versión de Del Barrio Spielberger y Aluja, 2005). El psicólogo los leerá en voz alta y los alumnos contestarán con asistencia, si necesitan ayuda.

Sobre el JCA, se les dirá: podéis, si queréis, durante 5-10 minutos, ir familiarizándoos con la Caja, el tacto de la arena, el agua y con las figuras con las que trabajaremos. Podréis escoger aquellas que queráis, aplastar la arena, mojarla, o moldearla a vuestro gusto. Tocaremos la arena a modo de ejemplo y colocaremos algunas figuras. Se les informará que el JCA durará unos 15 minutos, y 5 minutos antes el psicólogo les avisará para que vayan acabando la representación.

También se les informará de las reglas: las figuras se colocarán dentro de la Caja (el ayudante os podrá traer más, de las que elijáis vosotros). Estaremos todos en silencio mientras lo hacéis excepto que alguno de vosotros tenga alguna inquietud o quiera decir algo sobre su escena cuando haya acabado el juego (en caso de que la angustia os impida continuar el psicólogo intervendrá para acompañaros) y tras un vistazo por parte del psicólogo alrededor de la Caja, realizará una fotografía, para que al día siguiente podáis representar otra escena y no perdamos la escena anterior.

Emplear unos 5 minutos para explicarles el Abrazo de la Mariposa, se les dirá: conozco un ejercicio que os ayudará a sentiros mejor; ¿queréis aprenderlo? Por favor, miradme y haced lo que yo estoy haciendo. Cruzad los brazos sobre el pecho, de forma que las puntas de los dedos de cada mano, podáis tocar la zona que está situada debajo de donde se juntan la clavícula y el hombro. Vuestros ojos pueden estar cerrados o casi cerrados, mirando la punta de vuestra nariz. Después, alternáis el movimiento de vuestras manos, como las alas aleteando de una mariposa. Respiráis lenta y profundamente (Respiración Abdominal), mientras observáis qué está pasando a través de vuestra mente y cuerpo, pensamientos, imágenes, sonidos, olores, sentimientos y sensaciones físicas, sin cambiarlas y sin juzgarlas, dejando que se vayan, a modo de nubes en el cielo.

A continuación, durante unos 5-10 minutos, se realizará un ejercicio de Relajación y Enraizamiento, que promueva el equilibrio, la sanación y la integración, a la vez que genere seguridad y la posibilidad que el adolescente observe de manera consciente (Conciencia Plena o *Mindfulness*) lo malo o bueno, incorrecto o correcto, del aquí y ahora, sin juzgarlo. Para ello, se les indicará que pueden permanecer sentados si lo prefieren y con los ojos abiertos: notad el suelo bajo vuestros pies. Como si vuestras piernas al igual que las raíces de un árbol se adentran en la tierra, haciéndoos sentir conectados y en equilibrio con la tierra, como lo está un árbol. Si los adolescentes experimentan emociones positivas, se realizarán tandas de EB con el ejercicio del Abrazo de la Mariposa, con tandas lentas y cortas (6 aproximadamente). También se ejercitará la respiración diciéndoles: notad cómo la respiración puede ser lenta o rápida, notad cuál os hace sentir mejor y os es más familiar, realizar el ritmo que os sea más relajante y cómodo. Una vez que encuentren el tiempo y ritmo correctos, se hacen tandas (unas 6) de EB (cortas y lentas). Si se activara material negativo, se explorará con sutileza y se procederá a cambiar la actividad para llevar al adolescente de vuelta a su estado homeostático. Los adolescentes han de permanecer enraizados en la realidad, conociendo que sólo está permitido experimentar sensaciones en el cuerpo (Gómez, 2016).

Con el objetivo de que la señal de stop sea utilizada convenientemente, se ha de indicar que sólo se para cuando las emociones son demasiado grandes y muy difícil de manejar, y no cada vez que accedan a emociones negativas. Se dirá: el cerebro hará el mayor trabajo posible, pero si os parece demasiado difícil, podéis usar la señal de stop, levantando la mano, y pararemos todo el proceso.

En la segunda parte de esta sesión de preparación, se realizará el trabajo con el trauma, el ejercicio del Lugar Tranquilo/Seguro, fortificación de los puntos fuertes y se les familiariza con la Escala (SUDS; Sahpiro y Maxfield, 2002).

En esta parte, y durante 30 minutos, se comenzará con la realización del Lugar en Calma y su representación en la Caja de Arena. Para la indicación del Lugar Tranquilo/Seguro, teniendo en cuenta que estos adolescentes han perdido el sentido de seguridad, puede ser difícil que encuentren un lugar seguro, por lo que se recomienda hacer la dirección con un lugar tranquilo, se les dirá: ahora, vamos a realizar el ejercicio del Lugar en Calma que durará unos 15 minutos, y seguidamente lo representaréis en la Caja de Arena durante aproximadamente otros 15 minutos.

Dirigir el Lugar en Calma: imaginad un lugar especial para vosotros, donde todo fuese como vosotros queráis, donde no pasa nada y todo permanece igual. Allí podrá estar cualquier persona o cosa real o imaginaria que os ayude a sentiros tranquilos. Observad lo que veis, lo que escucháis, lo que oléis, lo que hacéis cuando imagináis que estáis allí, que os hace sentir especialmente tranquilos e identificad dónde sentís esa tranquilidad en vuestro cuerpo. Ahora imaginad que estáis en ese lugar tranquilo y que, al inhalar, inhaláis más esa sensación de tranquilidad. Al exhalar, soltáis todo el estrés que vuestro cuerpo se sienta preparado para soltar, y en qué parte de vuestro cuerpo sentís esa sensación de relajación y seguridad. Ahora os imagináis en vuestro lugar tranquilo como si estuvieseis de vacaciones, contaré 20 segundos mientras os vais de vacaciones a ese lugar. A continuación, se les dirá: ahora, por favor, podéis representar ese Lugar en Calma, dentro de la Caja de Arena, y cuando hayáis terminado os hacéis el Abrazo de la Mariposa durante 20 segundos mirando la representación del Lugar en Calma. Recordad imaginad vuestro lugar tranquilo con todas las imágenes, sonidos, olores que os recuerden que estáis tranquilos. Notad esa sensación en vuestro cuerpo. Al inhalar, inhaláis la sensación buena, tranquila, y al exhalar soltáis todo el estrés que vuestro cuerpo se sienta preparado para soltar (Leeds, 2011; Lovett, 2016).

A continuación, decir: identificad una palabra que se corresponda con la imagen que habéis representado en la Caja (por ejemplo, relax, playa, montaña, árboles...) y repetidla mentalmente al mismo tiempo que percibís las sensaciones agradables y de seguridad. Pausa. Por favor, haceos el Abrazo de la Mariposa (6 tandas).

Recordarles: este ejercicio puede ser utilizado entre sesiones, con tan sólo pensar en la imagen y en la palabra y experimentar las sensaciones positivas (emociones y sensaciones físicas) y también en la misma sesión, poniendo la foto sobre la mesa, para que podáis recurrir a ese lugar si lo necesitáis.

Cuando hayan acabado se pueden realizar fotografías de cada escena, para que los alumnos la utilicen en cualquier momento del día que sientan mayor perturbación (en su mesilla si es al acostarse, en un bolsillo si es en el Instituto, etc.).

Para explicarles la Escala (SUDS; Shapiro y Maxfield, 2002), durante unos 5 minutos, se mostrarán las caras pintadas en la pizarra, a las que les hemos asignado un número, y se les dirá: estas caras representan las diferentes emociones que una persona puede experimentar. Ahora vamos a utilizar una especie de regla que mide cuánto molestan las cosas. Dejadme enseñaros cómo funciona. La escala del malestar está formada por 10 números. El 0 es cuando algo no molesta nada o lo que sentís es neutral, y el numero 10 significa que es lo máximo que os molesta. Ahora vamos a practicar a usar esta escala para medir vuestras emociones, ¿cómo os sentís cuando obtenéis buenas notas en los exámenes? Por favor, señalad la cara que describe cómo os sentís. Ahora, decid, ¿cómo os sentís cuando estáis ansiosos? Por favor, señalad la cara que muestra cómo os sentís.

A continuación, se les dirá: escribid en un papel vuestro nombre y edad, y por detrás lo dividís en cuatro partes, a cada una le ponéis una de las letras del abecedario (A, B, C y D) empezando por la letra A. Esto lo vamos a necesitar en la siguiente sesión, para ir anotando el número de la Escala que indica el grado de malestar que tenéis en ese momento.

Para validar los síntomas del trauma, se les dirá: es normal que os sintáis así, sois chicos y chicas normales que habéis sufrido una experiencia anormal, y por eso es normal que tengáis esos sentimientos. Es normal también tener sentimientos diferentes a los de vuestros amigos y otros adolescentes, ya que cada persona vive y siente las cosas de forma diferente. Es verdaderamente normal.

Cuando volváis a casa, después de este ejercicio, podéis hablar con la gente en la que confiáis sobre vuestros pensamientos y sentimientos, tanto como queráis y cuando os sintáis lo más a gusto posible para hacerlo (Luber, 2009). Se cierra la sesión con 5-10 minutos para dudas.

3ª Sesión: Evaluación

Una vez que se ha preparado a los adolescentes para abordar el tratamiento con EMDR y poseen los recursos necesarios, se pasará a la sesión de evaluación que es cuando se accede al blanco.

En esta fase tiene lugar el procedimiento (IES), se accede y activa el blanco elegido, se les pide a los adolescentes que identifiquen la imagen (I), la emoción (E) y la sensación corporal (S). Se realizarán las mediciones de perturbación con la Escala SUDS. Previo al proceso se preguntará si tienen dudas sobre la sesión anterior, si han realizado el ejercicio del Lugar en Calma. Si es así, se realizará refuerzo con tandas cortas (6 aproximadamente) y el Abrazo de la Mariposa. Se dejarán los últimos 5-10 minutos para las dudas.

Con el objetivo de superar el miedo y motivar al adolescente en el tratamiento se utilizará la metáfora, Superar el Miedo a través de la Experiencia de Aprendizaje. Se trata de una metáfora de todo el proceso de terapia, en el que el psicólogo guía al adolescente a recordar un reto personal y los pasos que dio para conseguir dominarlo, incluida la motivación para realizar la tarea, los ayudantes involucrados, y la práctica y persistencia necesarias. Con ello se repasa el proceso de logro y se da fuerza a la emoción positiva relacionada con ese logro. Además, para facilitarles el acceso al evento traumático se utiliza la metáfora del Tren, y para acabar la sesión, un ejercicio de estabilización (el Contenedor) que les ayude ante cualquier molestia.

Antes de iniciar la sesión se asegurará que todas las figuras estén ordenadas, que no haya ninguna enterrada, la arena esté plana, y el espacio para acceder a las figuras en las estanterías esté libre de obstáculos.

En los primeros 5 minutos, se explicará a los alumnos lo que vamos a realizar en esta sesión: elegiréis la situación sobre la que vamos a trabajar, con los elementos de la imagen que lo representa, la emoción que experimentáis y dónde lo sentís en el cuerpo. Iréis viendo vosotros mismos cómo las emociones van cambiando de número, para que juntos podamos ver en el momento del proceso donde os encentráis al cambiar vuestros sentimientos sobre vosotros mismo y la situación. A continuación, en el papel que habéis escrito vuestro nombre y edad, debajo se anotará el número de esta primera representación.

Realizar psicoeducación, durante 5-10 minutos, diciéndoles: a menudo, simplemente lo que haremos será chequear lo que estáis experimentando. Necesito que representéis exactamente lo que os está pasando, con una respuesta lo más clara posible. A veces las cosas cambiarán y otras veces no, ello no significa que no lo estemos haciendo bien. Sólo dad una retroalimentación lo más exacta posible, sin juzgarla. Dejad que pase lo que tenga que pasar. Os recuerdo que en caso de necesitarlo podéis levantar la mano en señal de stop.

A continuación, introducir el ejercicio para superar el miedo, durará unos 5 minutos, se les dirá: nos interesa saber cómo las personas aprenden a superar un miedo, ¿podéis pensar en algo que os causaba mucho miedo y aprendisteis a superarlo fácilmente, a hacer que os pareciera imposible o difícil, pero que ahora podéis hacer fácilmente? (por ejemplo, montar en bicicleta, entrar solos a lugares oscuros), ¿recordáis cómo os sentíais con ello antes de poder realizarlo?, ¿cómo aprendisteis?

Si algunos adolescentes no hubieran querido realizarlo (falta de motivación), se les puede decir: si os pareció difícil, tal vez debisteis haberlo querido hacer con muchas ganas. Pensad en ¿cómo aprendisteis a superar ese miedo?, y ahora os alegráis de haberlo hecho.

Ahora, os parecería bien si os dais toques con las manos en forma de mariposa en el pecho, mientras recordáis cómo era antes de que superarais el miedo, lo que sentíais en el cuerpo entonces, los pasos que disteis para superar ese miedo, y terminamos diciéndoles, ¿cómo os sentís ahora que lo hicisteis sin miedo en aquella ocasión?, ¿podéis imaginar que es una película y que la estáis viendo? Avisadme cuando hayáis terminado de recordar todo aquello. ¿Cómo os sentís ahora?, ¿dónde notáis en el cuerpo esa sensación?, ¿os podéis volver a dar toques con las manos, a modo de mariposa, mientras notáis esa sensación que tenéis por haber logrado superar el miedo que os daba esa situación? (Lovett, 2016).

Posteriormente, se iniciará la búsqueda del primer objetivo, y para ello se les indicará que para ayudarles a notar la experiencia vivida (sin que se desestabilicen) se hará a modo de película o metáfora del Tren; se les conduce el ejercicio durante 5 minutos: para ayudaros a procesar el suceso, imaginaos que estáis viajando en un Tren o estáis viendo una película y vuestros sentimientos, pensamientos, emociones y sensaciones físicas son sólo el escenario que está pasando por la pantalla. Sólo dejad que pase lo que tenga que pasar, hablaremos al final del set. Sólo os fijaréis en lo que surge, sin juzgarlo, y sin descartar nada por poco importante que os parezca, pues cualquier información nueva que os venga a la mente está conectada de alguna manera (Jarero *et al.*, 2015).

Seguidamente, se les indicará que vamos a acceder a ese recuerdo y preguntaremos si todos lo recuerdan, se les dirá: los que recuerden lo que ocurrió durante el incidente del bullying, por favor que levanten la mano. Ahora, cerrad los ojos, y haced una Película Mental de todo el suceso del bullying, desde antes de que ocurriera hasta ahora. Elegid la peor parte, el peor fragmento de ese suceso, el más difícil, el que más os asusta, entristece, doloroso o angustiante os sea. Llevad lo que salga de vuestra cabeza a vuestro cuello, a vuestro brazo, a vuestra mano y dedos, y ahora abrid vuestros ojos y representar la imagen (escena) en vuestras Cajas de Arena durante 15 minutos si los necesitáis. Cuando falten 5 minutos para acabar se os avisará para que vayáis terminando tranquilamente. Haremos el ejercicio en silencio y sin mirar la Caja de Arena del compañero, si necesitáis ayuda levantad la mano. Pausa.

Si algún alumno se bloquea porque existieran muchas opciones, se puede ayudar   a través del Cuestionario Directo, se les dirá: ¿qué imagen representa el momento más traumático del evento? Si la imagen no estuviera disponible, se les invita a hacer lo siguiente: piensa en el aspecto o momento más perturbador de esa parte o fragmento.

Pasado este tiempo, se darán las siguientes indicaciones: mirando la escena que habéis representado en la Caja de Arena, ¿qué emoción sentís? Ahora fijándoos en las caras que hay dibujadas en la pizarra con el número que tienen asignado, y que se corresponde en la Escala SUDS con nada de perturbación cuando es 0 o la máxima perturbación o malestar que podéis experimentar con un 10, ¿qué número representa vuestro grado de malestar ahora, cuando miráis la representación del evento que tuvo lugar? - En Shapiro (2004) se recomienda un valor SUDS igual o mayor de 5, si esto no es así se supervisará el caso.

Cuando hayáis elegido el número, escribidlo en vuestro papel debajo de vuestro nombre. Seguidamente, se les preguntará: ¿cuando miráis la imagen que representa la peor parte de lo que pasó, ahora en qué parte de vuestro cuerpo sentís el malestar (perturbación)? Si necesitáis ayuda, pedidla a vuestros ayudantes. Os recuerdo que no olviden poner su nombre y edad.

Si en este punto algún alumno no ha podido encontrar la imagen, se les puede ayudar a través de la emoción, se les dirá: cerrad los ojos y conectad con el sentimiento más presente ¿esta sensación con qué os conecta?, o el factor precipitador: centraos en esa última vez que habéis experimentado esa sensación y ved con qué os conecta; o se puede utilizar el puente del *Afecto Positivo*, utilizando la emoción y las sensaciones físicas: centraos en la experiencia más reciente, en las emociones y en las sensaciones que estáis sintiendo ahora; no obstante, por su potente efecto éste último no se recomienda en alumnos que puedan desregularse fácilmente.

Para acabar la sesión con el ejercicio del Contenedor que durará unos 5-10 minutos, se les dirá: vamos a crear una cosa divertida que podéis utilizar cuando tengáis pensamientos o emociones confusas. Empezamos creando en la mente la imagen de un contenedor en la que podéis poner dentro cualquier cosa que os moleste. Elegid la forma, decoración, el material del que está hecho, el color, y ponerle una tapa. Podéis hacer que alguien imaginario os ayude a mantenerlo seguro y a buen recaudo. Ahora meted todos los pensamientos y emociones confusas, y cualquier cosa que os moleste en el cuerpo. Buen trabajo. ¿Cómo os sentís ahora? Si la respuesta es positiva, se les pregunta dónde sitúan esa emoción en su cuerpo y se hacen tandas cortas (unas 6) de EB con el ejercicio de la mariposa (Gómez, 2016).

Finalmente, recordar a los alumnos la posibilidad de realizar los ejercicios del Contenedor o el del Lugar en Calma, si lo necesitaran y decir ¿tenéis alguna duda o pregunta?
El psicólogo o colaborador realizará fotografías de cada una de las escenas que representan la imagen inicial del evento. Estas fotografías serán utilizadas al principio de la siguiente sesión de desensibilización.

4ª Sesion. Desensibilización

En esta sesión tiene lugar el reprocesamiento del recuerdo hasta una resolución adaptativa (hasta que la escala SUDS puntúe 0 o sea ecológicamente aceptable), cuando todos los fragmentos del evento se puedan visualizar de principio a fin sin perturbación (difiere en este sentido del Protocolo Estándar en que no se trabaja con una red de memoria sino con fragmentos del recuerdo).

Para ello, se indicará: mirar la imagen inicial de la foto, junto con la emoción y se realizará EB, tantas tandas como se necesiten. A continuación, se retirará la foto y los sucesivos reprocesamientos se harán con el recuerdo (no la imagen inicial). Los resultados SUDS se irán anotando en cuatro cuadrantes (A, B, C y D) del papel, según secuencia establecida. Finalmente, se les dará la indicación que miren las 4 fotos que se han realizado, que representan al recuerdo, y elijan la que más les molesta, y a continuación escriban en la parte de atrás del folio el nivel SUDS usando las caras. Después de indicar a los adolescentes lo que se va a hacer en la sesión, y el tiempo que se va a emplear (60 minutos aproximadamente), se realizará psicoeducación y se iniciará con ejercicio de autocalma (Agradable Memoria). Se cerrará la sesión con ejercicio de estabilización y tiempo, para dudas y preguntas.

Así, en un primer momento, los primeros 5-10 minutos, decir: en esta fase se usará la estimulación del Abrazo de la Mariposa para resolver el problema planteado y cualquier fragmento que esté relacionado. A veces se avanzará rápido y otras más lentamente. Dejad que pase lo que tenga que pasar, sin juzgar.

Para la psicoeducación, se les dirá: lo que se hará a menudo es simplemente verificar lo que estáis notando, para lo que es necesario que representéis exactamente lo que está pasando, siendo lo más precisos posible. Cuando se os pregunte por la puntuación de la escala que oscila del 0 al 10, a veces esos valores cambiarán y otras veces puede que no. No hay nada obligatorio en este proceso. Dejad que pase lo que tenga que pasar, sin juzgarlo, sólo representad lo más preciso que podáis. Después, haremos una serie de golpecitos con el Abrazo de la Mariposa por un rato y anotaréis lo que vais notando (Shapiro, 2004).

Se comenzará con el ejercicio de autocalma (Agradable Memoria), diciéndoles: hoy iniciamos la sesión con el ejercicio de Agradable Memoria, que nos ocupará 5 minutos. Recordad un momento en que estabais tranquilos o felices. Pausa. Ahora, poned una mano en vuestro pecho y decid que esos buenos sentimientos o sensaciones físicas positivas se extiendan por todo vuestro cuerpo. Continuad permitiendo que esos buenos sentimientos o sensaciones permanezcan un tiempo más, devolviéndoos suavemente, si estáis distraídos, a los sentimientos de felicidad y calma que estáis sintiendo. Cuando abráis los ojos, recordad que en el futuro todo lo que tenéis que hacer para traer de vuelta el recuerdo es colocar vuestra mano sobre el centro de vuestro pecho (Jarero *et al.*, 2015).

A continuación, se les indicará: vamos a comenzar el reprocesamiento que durará unos 60 minutos, ¿estáis preparados? Me gustaría que mirarais esa foto (la de la imagen primera), fijaos en lo que estáis sintiendo y realizaos el ejercicio del Abrazo de la Mariposa, deteneos cuando estéis listos. Pausa. Dejadlo ir. Respiramos profundamente. Se les retirará la foto.

Seguidamente, decir: observad lo que sentís ahora, sin juzgarlo, quedaos con eso, y representadlo durante 15 minutos (se os avisará cuando queden 5 minutos para que podáis acabar tranquilamente) en la Caja de Arena. Pausa. Al acabar el tiempo de la representación contiuar diciéndoles: por favor, mirad de nuevo las caras y anotad el número de la cara que corresponde a cómo os sentís ahora cuando miráis la representación en la Caja, cuando 0 es ningún o neutro malestar a 10 el máximo malestar que podéis sentir. Anotad el número en el cuadrante del folio que se corresponde con la zona A. A continuación: por favor, dejad el lápiz a un lado y haced el

Abrazo de la Mariposa, mientras estáis mirando la representación en la Caja de Arena.

Después, el psicólogo les dirá: dejadlo ir, respiramos hondo, ahora, observad cómo os sentís, sin juzgarlo y representad lo que queráis en la Caja de Arena. Pausa de 15 minutos. Cuando hayáis acabo anotad el número que se corresponde con la cara de la pizarra en el cuadrante B, cuando 0 es nada o neutro malestar a 10 el máximo malestar que podéis sentir. Acabado el tiempo, se les indicará, por favor, dejad el lápiz a un lado y haced el Abrazo de la Mariposa, mientras estáis mirando la representación en la Caja. El mismo proceso se repetirá para el sector C y D. Mientras, por parte de los ayudantes o psicólogos se han realizado fotos de las representaciones para cada uno de los cuadrantes (A, B, C y D).

Finalmente, acabar diciendo: mirad atentamente las cuatro fotos y elegid la que más os perturbe, después en la parte de atrás del folio (donde escribisteis vuestro nombre y edad), escribid el número que va con la cara (SUDS) que mejor describa cómo os sentís con la foto ahora. Escribid el número en la parte superior derecha. Acabaremos la sesión con ejercicio de estabilización (el Contenedor) que asegure el equilibrio emocional y psicológico de los alumnos, durante 5 minutos, y posteriormente, 5-10 minutos para dudas y preguntas.

En esta sesión se ha estado atentos, por parte de los ayudantes y psicólogo, en busca de bloqueos (juegos repetitivos, sin cambios en SUDS o abreacciones) relacionados en su mayoría con alguna creencia negativa (culpa, indefensión o inseguridad). En estos casos se pueden utilizar los Entretejidos Educativos -no es vuestra culpa, podéis pedir si queréis o necesitáis algo, o podéis confiar cuando alguien es de confianza- (Lovett, 2016).

5ª Sesión. Visión de futuro

Si bien en esta sesión se aplicaría la fase de instalación (Protocolo Estándar), aquí se sustituye por la visión de futuro, porque cada persona puede tener un nivel SUD diferente (unos no pueden avanzar más, otros tienen pensamientos bloqueantes, traumas anteriores o diferentes tiempos para reprocesar, no siendo suficiente con el formato de los cuatro diseños) y no pueden alcanzar un nivel SUD de 0, o ecológico, de perturbación. La fase de instalación podrá ser aplicada en un seguimiento posterior individual a partir de la fase 8. Se cree, que, si la persona tiene una cognición adaptativa, el Abrazo de la Mariposa le ayudará en la instalación y si no tiene una cognición adaptativa, el Abrazo de la Mariposa le ayudará en el proceso a un estado adaptativo.

En esta sesión se trabaja con una visión de futuro para identificar cogniciones adaptativas o no adaptativas que son útiles en la evaluación y al final del protocolo. Diseñada para estimular la capacidad del individuo para utilizar nuevos recursos, nuevas habilidades y responder adaptativamente a estímulos activadores del pasado, dominando lo que en su momento les desregulaba; así, capaz de anticiparse a un futuro de manera exitosa, se convierte en una experiencia emporedarora. Por ej., una cognición no adaptativa sería la de un adolescente que quiere morir para ir con su madre ya fallecida porque le han dicho que ella en el cielo está contenta.

Primeramente, y durante 10-15 minutos, se preguntará a los alumnos por sus dudas, se indicará a los alumnos lo que se va a realizar en esta sesión y se realizará psicoeducación. Se les conducirá, durante 5 minutos, con ejercicio de inicio, de autocalma (Respiraciones Abdominales).

A continuación, se les dirigirá el ejercicio de Visión a Futuro, su representación en la Caja de Arena, y la escritura de la palabra o frase que se ajuste a la representación (20-25 minutos). Posteriormente, se les dirigirá ejercicio que asegure el equilibrio emocional y psicológico (Lugar en Calma junto al Contenedor) durante 15 minutos. Finalmente, se cerrará la sesión con turno de dudas y preguntas (5-10 minutos).

Así, el psicólogo comenzará diciéndoles a los alumnos: ¿tenéis alguna duda sobre lo trabajado en las sesiones anteriores? Se contestarán dudas, si las hay, y se informará de lo que se va a hacer en esta sesión: en esta sesión adquiriréis la capacidad para utilizar nuevos recursos y habilidades para hacer frente a situaciones que en el pasado os provocaban malestar, vosotros tendréis el control ante situaciones que os desregulan, siendo capaz de anticiparos con éxito.

Se continuará dando información sobre la Visión a Futuro: no es que vayáis a revivir lo que pasó con el incidente del bullying, sino acerca de disipar los síntomas que se pudieran presentar como resultado de alguna situación con la que os encontréis o pensamiento relacionado con el suceso. A continuación, se darán las indicaciones para realizar ejercicio de autocalma (Respiraciones Abdominales) durante 5 minutos (siguiendo indicaciones dadas en sesiones previas).

Posteriormente, se les conducirá en el ejercicio de Visón a Futuro de esta forma: ahora, quisiera que os centrarais, a modo de película, con un comienzo, un intermedio y un final, cómo os imagináis en el futuro ante personas, situaciones o lugares relacionados con el evento del bullying que antes os provocaban malestar, con vuestra nueva sensación ahora. Observad cómo pensáis, lo que sentís, lo que veis y cómo manejáis la situación, y lo que experimentáis en vuestro cuerpo. Pausa. Cuando os lo hayáis imaginado, por favor podéis representarlo en la Caja de Arena. Pausa. Cuando hayáis acabado, escribid una palabra, frase o frases, que expliquen lo que habéis representado en la Caja. Pausa. Mirad la representación de la Caja y lo que habéis escrito sobre el papel y haced el Abrazo de la Mariposa durante 60 segundos. ¿Cómo os sentís?

Se Cerrará la sesión con la dirección del ejercicio Lugar en Calma y poniendo en el Contenedor cualquier material perturbador, para que quede garantizado su equilibrio emocional y psicológico. ¿Tenéis alguna duda o pregunta?

6ª Sesión: Escaneo Corporal

En esta sesión, se averiguará si existe algún resto de material no procesado en el cuerpo, para ello se hará un chequeo físico en busca de alguna sensación desagradable o también agradable, pues en este último caso se potenciarían los pensamientos positivos. Durante esta fase pueden surgir nuevas asociaciones, que hay que procesar por completo.

Se iniciará la sesión preguntando por dudas de las sesiones anteriores y posteriormente se realizará psicoeducación. Se dirigirá en un primer momento ejercicio de autocalma (Respiraciones Abdominales), durante los primeros 5-10 minutos y se darán las indicaciones concretas para el ejercicio del Escaneo Corporal (5-10 minutos). La sesión terminará con ejercicio de estrategia reguladora (Lugar en Calma junto al Contenedor) durante 15 minutos al que se añaden sacudidas del cuerpo, para acabar de forma divertida. Finalmente, se da paso al turno de dudas y preguntas (los últimos 10 minutos). Decir: ¿tenéis alguna duda o pregunta sobre las sesiones anteriores? Para la psicoeducación, se dirá: en esta sesión tenéis la oportunidad de observar si existe algún tipo de malestar en alguna zona de vuestro cuerpo. Este examen corporal es otra forma de asegurarnos de que todo el material relacionado con el problema ha sido completamente resuelto. Es importante reprocesar todo el material relacionado con la dificultad para poder ayudaros a dejarlo atrás. Así, podréis incorporar lo aprendido sobre el tema a vuestra base personal de conocimientos. Recorreréis mentalmente vuestro cuerpo en busca de algún malestar.

A continuación, dirigir el ejercicio de relajación basado en respiraciones abdominales, que ya conocen de la primera sesión, y seguidamente el ejercicio del Escaneo Corporal. Para este último se les dirá: cerrad los ojos y recorred vuestro cuerpo de la cabeza a los pies pensando en la representación de la Caja de Arena más perturbadora. Tomad el tiempo que necesitéis, si después de cinco minutos habéis terminado, y si sentís alguna sensación corporal agradable o alguna molestia en el cuerpo, haced el Abrazo de la Mariposa. Pausa. Dejadlo ir. Respiramos hondo. ¿Cómo estáis? Decidle a la persona que os está ayudando si sentís alguna sensación o emoción en alguna parte de vuestro cuerpo. El colaborador o psicólogo lo anotará.

Finalmente, se cierra la sesión con ejercicio del Lugar en Calma y poniendo en el Contenedor cualquier material perturbador (siguiendo las indicaciones anteriores). Al final del ejercicio para acabar de una forma divertida y favorecer los casos de hipoactivación, se les dirá: ahora, moved el cuerpo así (el psicólogo, mueve su cuerpo como un perro, sacudiéndose el agua después de un baño, haciendo reír). ¿Tenéis alguna duda o pregunta?

7ª Sesión: Cierre

En esta sesión, aunque se trata de un acto que se realizará al final de cada una donde se han hecho exploraciones o procesamiento de las experiencias perturbadoras, para ayudar al alumno a restablecer su equilibrio psicológico y emocional, también se puede hacer de manera formal al final del reprocesamiento, para garantizar el equilibrio homeostático. Es importante informar que el reprocesamiento puede continuar después de la sesión a través de imágenes, pensamientos, emociones o sueños desagradables, siendo esto algo normal y positivo dentro del proceso. La sesión se podrá dar por completa o incompleta.

Se iniciará la sesión, al igual que las anteriores, interesados en saber si hay dudas o preguntas, los primeros 5-10 minutos. A continuación, los siguientes 5-10 minutos, se informará a los alumnos lo que se va a realizar en esta sesión, y posteriormente se les proporcionará psicoeducación sobre el reprocesamiento, durante 10 minutos. Para garantizar su equilibrio homeostático se les dirigirá el ejercicio de Lugar en Calma junto con el Abrazo de la Mariposa, a lo largo de unos

20 minutos. Se acabará la sesión con el apartado de dudas y preguntas, los últimos 10 minutos.

Así, por parte del psicólogo, a los alumnos se les dirá: ¿Tenéis alguna duda o pregunta? Pausa. Juntos haremos un cierre formal, usando uno de vuestros recursos. Si sentís algún malestar y no estáis seguros de lo que os está pasando, decídmelo antes de marcharos, para poder ayudaros a que os sintáis mejor. Es importante que sepáis que cuando se hace EMDR se abre una puerta para procesar todo el material en el que se ha estado trabajando. A veces, sentiréis como que el problema está volviendo, pero no es así, forma parte del proceso de curación, y no es señal de alarma. Si tenéis cualquier preocupación, perturbación, hacédmelo saber, porque no estáis solos.

Sobre el reprocesamiento, se les dirá: el reprocesamiento que hemos realizado puede continuar después de la sesión. Podéis o no advertir nuevos pensamientos, recuerdos o sueños, si es así, simplemente prestad atención a lo que estáis experimentando, sacad una foto mental a lo que estáis viviendo, sintiendo o pensando. Pensad en el motivo que ha hecho que se os dispare, y si queréis lo podéis anotar en vuestro diario. Podemos trabajar sobre este nuevo material la próxima vez, también podéis autoaplicaros el Abrazo de la Mariposa o cualquier otro ejercicio (Respiración Abdominal, Lugar Calmo...) que ya conocéis. Yo estoy aquí, podéis contactar conmigo, mandándome un correo o llamándome por teléfono si creéis necesitarme.

Cuando se realiza la fase de cierre, nos podemos encontrar con alumnos que sí han cerrado completamente el proceso (SUD=0 o ecológicamente aceptable y Escaneo Corporal sin molestias) o que su proceso esté incompleto (SUD > 1 o Escaneo Corporal con molestias, o no han podido asistir a todas las sesiones) porque no han terminado de procesar todo el material perturbador. Estos datos han sido recogidos al terminar la sesión del Escaneo Corporal, y el psicólogo ya los tiene en su poder.

Teniendo esto en cuenta y para incluir a todos los alumnos, en la dirección del ejercicio siguiente se añaden frases relacionadas con el cierre de procesos completos (habéis hecho muy buen trabajo, ¡genial!) y se les dirige al Lugar en Calma junto al Abrazo de la Mariposa, para que ayude a aquellos que su proceso esté incompleto, se les dirá: habéis hecho muy buen trabajo, ¡genial!, ahora vamos a realizar el ejercicio del Lugar en Calma junto al Abrazo de la Mariposa durante 15-20 minutos: cerrad los ojos e id a vuestro Lugar de Calma, a la vez que usáis el Abrazo de la Mariposa durante unos 60 segundos. Después se les dirá: respirad profundamente tres veces antes de abrid vuestros ojos. ¿Cómo os sentís?, ¿alguno de vosotros tiene alguna duda o pregunta? El psicólogo y colaboradores estarán atentos a las respuestas y preguntas de los alumnos.

8ª Sesión: Reevaluación y seguimiento

Esta sesión asegura que se haya realizado adecuadamente la integración y asimilación del material perturbador, garantizando el reprocesamiento del blanco y material asociado, así como que se hayan cumplido los elementos del plan de intervención. Aunque también se realiza al final de cada sesión, terminando el tratamiento se evocará de nuevo el recuerdo por si surge aún material de perturbación, en cuyo caso se continúa el reprocesamiento. Para ello, se repasará la información que se ha ido recabando entre las sesiones, para ver si ha surgido algo nuevo sobre lo que necesitemos trabajar e identificar a aquellos alumnos que necesiten una asistencia individual. Esta identificación se hará tomando en consideración informes hechos por el colaborador y sus familiares, los resultados de la Escala CITES-R, la secuencia completa de las representaciones en la Caja de Arena, sus valores SUDS, el Escaneo Corporal y su representación de Visión de Futuro.

Tras tomar el tiempo oportuno para resolver dudas, informar de lo que trata la sesión y realizar psicoeducación (10-20 minutos). Se comenzará la dirección del ejercicio centrándonos en el evento (10-15 minutos), la realización de la Escala CITES-R, el test TAMAI y STAXI-NA. Se acabará con un ejercicio de estabilización (Lugar en Calma y Contenedor) -15 minutos- y, finalmente, el turno de dudas y preguntas (10 minutos).

El psicólogo comenzará diciendo: hoy vamos a repasar la información recabada entre las sesiones para ver si ha surgido algo que se necesite trabajar de forma individual o en pequeños grupos posteriormente. Volveremos a repasar el suceso vivido para ver si queda algo de malestar midiéndolo con la Escala SUDS. Hoy también volveréis a realizar la escala CITES-R y los Test TAMAI y STAXI-NA. Acabaremos con el ejercicio del Lugar en Calma y el Contenedor, y habrá un tiempo para las dudas y preguntas, ¿tenéis alguna duda de las sesiones anteriores? Pausa.

Comenzamos el ejercicio: ahora, cuando volváis a centrar vuestra atención en aquel recuerdo o experiencia que trabajamos relacionada con el bullying, ¿qué emociones o sensaciones sentís? Pausa. Centrándoos en aquel recuerdo, en una escala del 0 al 10, donde 0 es ninguna perturbación o neutra y, 10 la máxima perturbación que podáis imaginar, ¿cuánto malestar sentís ahora respecto a lo que ocurrió? Por favor, elegid un número que represente una de las caras de la pizarra y anotadlo en vuestro papel, al cual habéis puesto de nuevo nombre y edad.

Tanto si el nivel SUD de algunos alumnos es 0 como si es mayor de 1, se continúa con el Escaneo Corporal, en busca de algún resto de malestar: cerrad los ojos, concentraos en el suceso y en las emociones, y recorred vuestro cuerpo desde la cabeza a los pies y ved si encontráis alguna tensión o malestar. Pausa. Por favor, haceos el Abrazo de la Mariposa. Pausa. Por favor, volver a valorar vuestro grado de malestar utilizando de nuevo los números y las caras.

Para los alumnos con niveles de SUD 0 y Escaneo Corporal limpio, el reprocesamiento se da por cerrado. Para los que su nivel SUD se sitúe por encima de 1, o no sea ecológicamente aceptable o exista malestar físico, será necesaria una intervención más en profundidad.

Finalmente, indicar: ahora, por favor, durante unos minutos vamos a realizar la Escala CITES-R, el test TAMAI y el STAXI-NA, que se os irá leyendo en voz alta. Si tenéis dudas, preguntad a vuestra persona de apoyo. Se cierra dirigiéndoles un ejercicio de estabilización (Lugar en Calma y Contenedor). ¿Tenéis alguna duda o pregunta? Si se detectara algún caso que requiera una intervención más en profundidad, se utilizará el mismo evento como diana y se añadirá la cognición negativa del Protocolo Estándar descrita con anterioridad.

EMDR EN VÍCTIMAS DE BULLYING

EMDR EN VÍCTIMAS DE BULLYING

6.
Análisis de datos y resultados

6.1. Análisis de datos

Previo a la aplicación del contraste estadístico se verificará el cumplimento de los supuestos que requiere (normalidad de la distribución de la variable dependiente en la población de estudio, homocedasticidad, etc.), así como las características de las variables de estudio. El procedimiento estadístico más óptimo para este diseño de intervención sería el contraste estadístico de ANOVA de un factor.

6.2. Resultados

Los resultados esperados, tras la aplicación del Protocolo EMDR-IGTP-OTS a adolescentes víctimas de bullying, estarán relacionados con una reducción o eliminación de los síntomas consecuencia del estrés postraumático, así como una mejora en las relaciones comportamentales en el grupo experimental frente al grupo control. No se observarán eventos adversos ni agravación de la sintomatología fruto de la aplicación del tratamiento. No se producirán abandonos a lo largo del curso del tratamiento.

Tanto los resultados estadísticos pre y postratamiento, como el seguimiento que se realizará a la semana, al mes, a los 3, a los 6 y a los 12 meses, muestran la mejoría de los alumnos atendidos y una significativa reducción de los síntomas de estrés postraumático, donde ninguno de los participantes presentará sintomatología compatible con TEPT en su fase crónica, a pesar de que continúen expuestos a un continuum de estresores emocionales fruto de nuevos eventos relacionados con el evento del bullying. Sin embargo, se observará un empeoramiento de los síntomas de estrés en el grupo control.

Se encontrarán diferencias estadísticamente significativas en las variables del estudio entre el grupo experimental y el grupo control, en las variables de todos los síndromes; evidenciadas en los resultados de la prueba ANOVA, con una F estadísticamente significativa ($p < .005$). En el síndrome Comportamiento Anti-normativo, entre las puntuaciones pre y postratamiento. Igualmente, se reducirán las puntuaciones en las subescalas y la total para estrés postraumático. Se evidenciarán diferencias significativas en la subescala de Disforia. Se observarán en el postratamiento puntuaciones más bajas en Ira Estado / Rasgo. El área de Inadaptación resultará significativa y altamente significativa en todas las subescalas.

En el pretratamiento, las puntuaciones de los alumnos en CITES-R situados en un rango de distrés alto, indicativo de un nivel alto de respuesta psicológica a un evento de vida estresante, en el postratamiento después de una semana y en el seguimiento indica un nivel bajo de distrés, mostrando una reducción significativa de las puntuaciones pretratamiento en el grupo experimental.

Los cambios durante el tratamiento serán evidentes en el contenido de las escenas representadas en la Caja de Arena y reflejadas en sus puntuaciones SUDS, que disminuirán con cada representación, consistente con resultados anteriores.

Tras el tratamiento, los alumnos pertenecientes al grupo experimental dejarán de sentirse abrumados por los continuos estresores, observándose importantes indicadores de cambio, como acceso a información adaptativa, reducción de afectos negativos, distanciamiento de la memoria traumática y reducción de las SUDS. Dejarán de hablar de manera repetitiva y temerosa sobre el evento y lo referirán como un hecho que pertenece al pasado más que como una experiencia intrusiva del presente. Los resultados estadísticos del seguimiento mostrarán que el autodominio y la autoconfianza continúan los meses posteriores al tratamiento, aún a pesar de los eventos estresores.

De la observación del psicólogo se desprenderá que las caras de los alumnos muestran mayor felicidad y la representación de las escenas en la Caja de Arena denota un juego más cooperativo y menos agresivo, tanto en las interacciones personales como en la elección de las figuras. Los alumnos verbalizarán al final del tratamiento que se encuentran bien.

Los padres informarán de la extinción de los síntomas originales de sus hijos. Mejoras tras las sesiones, más felices, menos temerosos y aislados. Quieren ir al Instituto, pueden concentrarse y sus logros académicos vuelven a los niveles previos al evento del bullying. Los alumnos se muestran menos agresivos y más disciplinados. No vuelven a tener pesadillas o trastornos del sueño.

Epílogo

El presente proyecto se ha dirigido a la presentación de un Programa de Intervención temprana, rápido y efectivo, basado en EMDR para alumnos de ESO, víctimas de bullying, que favoreciera la eliminación de la sintomatología propia del síndrome de estrés postraumático, que ayudara a superar el daño emocional y la merma en su autoestima y resistencia que el bullying había provocado, y con ello, facilitara una mejor comunicación entre iguales, el desarrollo de relaciones afectivas sanas a corto y largo plazo, aumento de su percepción de control y aprendizaje en la gestión de sus emociones y reacciones (resilencia); y, por otro lado ayudara a identificar a aquellos alumnos que necesitaran un tratamiento más intensivo. Para ello, se ha realizado una revisión bibliográfica actual en torno a los diagnósticos de TEA y TEPT, los tratamientos aplicados a los adolescentes, la eficacia de la Terapia EMDR y su posible aplicabilidad en el contexto educativo e integración curricular, así como los instrumentos psicométricos necesarios que ayudaran a la realización de un buen diagnóstico en relación al bullying (violencia o acoso escolar).

En general, los resultados indican la efectividad del Programa TAVEMDR basado en el Protocolo EMDR-IGTP-OTS, utilizando como herramienta de juego la Caja de Arena en lugar del dibujo. Los resultados estadísticos llevan a concluir que dicho Programa ayuda a prevenir el desarrollo del TEPT en la población atendida. Basándonos en estos resultados se puede determinar que los alumnos participantes desarrollan resilencia psicológica y emocional, aumento de su autoestima y relaciones afectivas sanas a corto y largo plazo.

La efectividad en la reducción de los síntomas de estrés postraumático en un grupo de personas que habían experimentado el mismo evento traumático o compartido (en este caso el bullying), así como la identificación de aquellos que necesitan una atención más profunda, apoya los trabajos de otros autores (Jarero *et al.*, 2015; Jarero *et al.*, 2016) en el que se utilizó este Protocolo en mujeres adultas que sufrían trauma en curso por causa del cáncer, utilizando el dibujo.

El TEPT, junto a sintomatología internalizarte y externalizante, aparece frecuentemente asociado al bullying. El tratamiento con este Programa se considera efectivo para la reducción de la sintomatología internalizante (quejas somáticas y problemas sociales), externalizante (comportamiento agresivo, antinormativo y niveles de ira), estrés postraumático (evitación, pensamientos intrusivos, hiperarousal y percepción del mundo como peligroso) y la inadaptación global de los adolescentes. Estos hallazgos coinciden con estudios controlados previos realizados a adolescentes escolarizados o institucionalizados con diversos traumas (Farkas *et al.*, 2010; Jaberghaderi *et al.*, 2004; Soberman *et al.*, 2002), en los que se observaron disminución de síntomas de estrés postraumático y cambios comportamentales mantenidos. Lo que lleva a pensar que EMDR podría tener un efecto en el comportamiento futuro de los adolescentes. En este sentido, la efectividad de la Terapia EMDR pone de relieve que para un abordaje adecuado en menores que han sido víctimas de traumas relacionados con el bullying, es necesario considerar la presencia de comorbilidad a la hora de diseñar el tratamiento.

En esta misma línea, coincidiendo con las manifestaciones de Solomon y Shapiro (2014), se llega a la conclusión que el acoso escolar (trauma "t"-relacional) como experiencia negativa e intensa, impacta en el comportamiento, emoción o pensamiento, y no sólo los traumas que cumplen con el criterio A (bullying-violencia física) del DSM-5 (APA, 2014), coincidiendo con los estudios donde se han resuelto los casos con EMDR, como el dolor del miembro fantasma (Russell, 2007), el síndrome de respuesta olfatoria (McGoldrick *et al.*, 2008) o la activación sexual anormal (Ricci y Clayton, 2008).

Basándonos en los resultados estadísticos del seguimiento que muestran que el autodominio y la autoconfianza continúan los meses posteriores al tratamiento, aún a pesar de lo eventos estresores en torno al bullying, se puede concluir que los alumnos participantes desarrollan resilencia psicológica y emocional y estrategias de afrontamiento. Estas conclusiones son consistentes con los resultados tanto de los estudios mencionados previamente como del estudio realizado por Zaghrout-Hodali *et al.* (2017), y la hipótesis que sigue el modelo PAI (Shapiro, 2004), en el sentido, que una resolución adaptativa podría conducir a cambios en el sentido del Yo, características personales y en los síntomas, además, el tratamiento efectico con EMDR podría dar al paciente acceso a un abanico más amplio de recuerdos y experiencias, con el potencial para crear resilencia en situaciones de trauma en curso.

De la revisión literaria actual realizada en relación con el TEA y TEPT y tratamientos psicológicos empleados en los adolescentes, se desprende, que los tratamientos considerados efectivos están basados en aspectos cognitivo-conductuales y concretamente en la remodelación de los estados cognitivos y la exposición. Entre ellos, la terapia para adolescentes TEP-A, aunque a pesar de sus beneficios, no puede ser utilizada con éxito cuando el evento se encuentre fragmentado por la imposibilidad de su eficacia ante un recuero no vívido, como apuntan sus autores.

En este sentido, también se puede concluir que tanto la TCC-CT como la Terapia de EMDR son eficaces en la reducción de síntomas TEPT subclínico en población infantojuvenil en el contexto escolar, aunque no se recomienda tratamiento grupal con narrativa compartida en las primeras sesiones, ni en pacientes en riesgo de suicidio, importante inestabilidad personal, abuso considerable de sustancias tóxicas o aquellos que nunca han hablado de su trauma. El tratamiento grupal/individual resulta más efectivo que el sólo grupal.

Puesto que del resultado de algunos estudios (Rose *et al.*, 2002; Van Emmerlk *et al.*, 2000) se infiere que la terapia grupal puede aumentar los síntomas o la tasa de TEPT, pudiendo incluso producirse una retraumatización, si el paciente no está preparado para la narrativa o exposición in vivo. En consecuencia, no se recomienda el interrogatorio involuntario (en particular, en un ambiente grupal) en niños y adolescentes en riesgo de desarrollar un TEPT. Sí se recomienda la intervención psicológica en primera instancia, incluyendo psicoeducación sobre la naturaleza del trauma y las reacciones dentro de la normalidad, asegurando las necesidades médicas y de seguridad (refugio, alimento, apoyo social e información apropiada).

En lo relativo a la eficacia de la Terapia EMDR en el tratamiento del TEA y TEPT y su aplicabilidad en un Programa de

Intervención dentro del currículo educativo, ésta, puede ser utilizada ante estados de estrés agudo en adolescentes (Silver *et al.*, 2005; Jarero *et al.*, 2006), en presencia de situaciones de bullying en curso, con población intercultural; pudiendo abarcar a un amplio número de personas de forma rápida y con un número pequeño de intervenciones de forma efectiva (Jaberghaderi *et al.*, 2004), aumentando su eficacia al permitir tanto una intervención grupal como individual posterior, sumándose estos resultados a los hallados en estudios previos ante situaciones de violencia interpersonal severa en niños escolarizados (Jarero *et al.*, 2014a; Jarero *et al.*, 2014b; Soberman *et al.*, 2002).

Existe base para poder ser utilizada en adolescentes con presencia de enfermedades comórbidas (trastornos de personalidad, agresividad, psicosis, asperger, adicciones a Internet), con las que nos podemos encontrar fácilmente en los adolescentes. Al estar centrada en el paciente, potencia su autocontrol, perdido en el caso del bullying, y además al ser él, el artífice de su propio cambio, se favorece una intervención rápida, en la que no hay sesiones preestablecidas ni limitadas en el tiempo. Además, en casos de necesidad, como se deduce del estudio de Jarero *et al.* (2017), puede ser también aplicada por profesores o tutores formados o incluso puede autoaplicarse por el propio alumno, lo que fomenta una actitud proactiva, más efectiva que si viene dirigida por el psicólogo.

Otro aspecto a destacar de esta terapia es el papel central que ocupa la psicoeducación, de forma, que el paciente se convierte en experto de su propio proceso, normalizando sus reacciones ante el trauma.

Así, el Programa TAVEMDR, basado en la Terapia EMDR, en su formato grupal o individual puede ser utilizado en el entorno escolar tanto al amparo de la actual Ley (LOMCE 8/2013), que regula la convivencia en los centros educativos, donde en su art. 1, introduce como novedad la educación para la prevención de conflictos y su resolución pacífica y el reconocimiento de la necesidad de educar para aprender a prender durante toda la vida, como al amparo del Real Decreto 1105/2014, de 26 de diciembre, por el que se establece el currículo básico de la ESO o la Orden ECD/65/2015 de 21 de enero.

Atendiendo a este Real Decreto, en su artículo 3 (apartado "d"), los centros educativos pueden diseñar e implantar métodos didácticos y pedagógicos propios. Estos métodos, bien podrían ser el método EMDR, que se encontraría dentro de la oferta educativa, en las asignaturas de Libre Configuración, donde las Administraciones pueden ofrecer asignaturas de libre diseño.

De forma específica, en su artículo 19, dentro de los PMAR, a partir de segundo curso de la ESO, donde se puede utilizar una metodología distinta (contenidos, actividades o materias diferentes a las de contenido general), para que los alumnos puedan acceder a 4º curso de forma ordinaria y poder graduarse. Si se tiene en cuenta la eficacia de la técnica de EMDR en el rendimiento académico, entre otros factores, se podría aplicar dentro de estos grupos para beneficiar a los alumnos en su reincorporación en 4º de la ESO.

Además, según dicho Decreto, entre las 7 competencias del currículo se encuentra la competencia de *aprender a aprender,* fundamental para el aprendizaje permanente a lo largo de la vida y en sus diferentes contextos. Esta competencia, requiere, según la Orden ECD/65/2015 de 21 de enero, el control y conocimiento de los propios procesos de aprendizaje para poderlos realizar en el tiempo requerido, y las demandas para llevar a cabo las tareas que conducen al aprendizaje. La motivación y la confianza son importantísimas para la adquisición de esta competencia. Al alcanzarse las metas, la percepción de autoconfianza y autoeficiencia aumentan, favoreciendo la adquisición de objetivos cada vez más complejos. Las personas, siendo capaces de recurrir a estrategias aprendidas, pueden adaptar sus conocimientos a otras situaciones como puede ser la vida privada o profesional. En este sentido, las sesiones de EMDR pueden integrarse junto a otras competencias, simultáneamente, para una correcta adquisición del aprendizaje.

Finalmente, si se tiene en cuenta dicho Real Decreto en su Disp. Adic. 41ª, en materia de acoso escolar, donde se establece que en el currículo de la Educación Básica se tendrá en consideración la prevención y resolución pacífica de conflictos en todos los ámbitos de la vida, para que el derecho a la educación se produzca, es necesario que otros derechos se cumplan, entre ellos el derecho a la promoción, a una cultura de la paz y a la no violencia, en una convivencia democrática. Puesto que la LOMCE mantiene el modelo de la ley que le precedió, los centros educativos tienen potestad para los temas organizativos, de recursos, aplicación de tratamientos y la posibilidad de dar respuesta a las situaciones de conflicto de manera pacífica.

La fortaleza de este Programa, al margen de su empirismo, y poder generalizarse sus resultados a otras poblaciones, está constituida, por el hecho, que es pionero tanto a nivel nacional como internacional en el uso del Protocolo EMDR-IGTP-OTS adaptado a adolescentes, en esta población. Previamente, había sido utilizado en mujeres adultas con cáncer (Jarero *et al.*, 2015; Jarero *et al.*, 2016). Además, también lo es en ser usado exclusivamente para traumas de estrés postraumático, fruto sólo del bullying, obteniéndose como beneficio indirecto la regulación de los comportamientos que lo generan; estudios previos lo habían utilizado para tratar los síntomas postraumáticos de diversos traumas. En este sentido, los estudios ECA encontrados hasta ahora dentro del ámbito escolar en adolescentes, han sido tres (Farkas *et al.*, 2010; Jaberghaderi *et al.*, 2004; Soberman *et al.*, 2002), donde todas las mediciones se realizaron a través de Autoinformes, no más allá de los 3 meses y con muestras pequeñas. En este sentido, sólo se ha encontrado un Protocolo relacionado con EMDR Estándar y bullying para tratamiento individual, y fuera del entorno escolar (Piñuel y Cervera, 2016).

Este Programa también posee la fortaleza de ser el primero en utilizar la Caja de Arena, como juego, en lugar del dibujo, utilizado en todos los estudios encontrados. El alumno puede realizar su representación sin necesidad de ser un buen delineante, además de poder realizar las escenificaciones de manera libre y calmada, sin temores, lejos de las miradas de los compañeros, al quedar protegida dentro de la Caja de Arena su representación; algo a tener presente, por la posibilidad de que entre el alumnado se encuentren también los alumnos agresores, pudiendo ejercer una influencia negativa. Con la arena se tiene también la sensación de estar tocando la piel, a modo de caricia, y permite experimentar el peligro o el miedo a quedar atrapado, de gran utilidad en casos de bullying.

Por su procedimiento rápido y efectivo (tan sólo 5 sesiones de intervención grupal) puede ser utilizado dentro del mismo curso académico, lo que garantiza su seguimiento y la adherencia al tratamiento, tan difícil en esta población.

Aunque en este proyecto se han expuesto de manera explícita todas las fases por separado, para que el lector posea los recursos necesarios para llevarlas a cabo de forma independiente, en caso de la sesión de cierre, no sería necesario realizarla en sesión o día diferente al de la intervención anterior (reprocesamiento), sino al final de la sesión, manteniéndose igualmente la fidelidad al Protocolo con EMDR. De esta forma, las sesiones de intervención puramente establecidas como tales, podrían quedarse en sólo 4, siendo igualmente efectivo. En el caso de la intervención posterior individual, como depende de las características individuales de la persona, pueden oscilar las sesiones adicionales desde una, dos, o más, dependiendo de la complejidad del caso.

Finalmente, se ha podido observar a lo largo de la exposición del proyecto, la importancia que tiene el realizar un buen diagnóstico del estrés postraumático y sobre todo la consideración de bullying, no sólo en su forma física sino también psicológica; para ello se han proporcionado test psicométricos validados para la población española y adaptados al DSM-5 (APA, 2014), tanto para los casos incipientes como para aquellos en los que se necesite una intervención más profunda, que ayude a dirimir la posible comorbilidad asociada (depresión, ansiedad, disociación y trastornos del apego), y con ello el éxito y acierto de un buen tratamiento. En este sentido, y tras la recomendación del uso de la creencia negativa en una intervención posterior individual, también se ha proporcionado la información necesaria para usarla.

Como conclusión final, este estudio apoya la idea que el Protocolo EMDR-IGTP-OTS, dentro del Programa TAVEMDR, se puede aplicar con efectividad en adolescentes expuestos a situaciones de bullying en curso, dentro del contexto educativo, reduciendo los síntomas de estrés postraumático. También apoya la idea que se puede utilizar como una intervención temprana en la fase aguda de respuestas postraumáticas, y se sugiere la posibilidad que sea efectivo en permitir a los adolescentes desarrollar resiliencia a traumas adicionales.

No obstante, aunque el planteamiento inicial del Programa permite que el paciente se beneficie de las ventajas que ofrece este tratamiento, no se encuentra exento de limitaciones. Al margen de la evidente limitación por su no aplicación y la dificultad en el cumplimiento del control postratamiento a los 12 meses, a los alumnos de último curso, que ya no se encuentran en el Centro. En primer lugar, para que el tratamiento tenga éxito se necesita una alta motivación y compromiso por parte del alumno, y que el psicólogo cuente con formación y habilidades necesarias para llevar a cabo esta terapia, no al alcance de todos. Por otra parte, aunque la narrativa y exposición se hacen de manera protegida, podemos encontrarnos con alumnos altamente evitativos, y por tanto contrarios a la exposición de recuerdos traumáticos, lo que impediría la práctica de la terapia.

Además, existe la limitación física, necesitándose aulas con buena acústica y espaciosas que permitan seguir la dinámica de la intervención, así como la provisión por anticipado del material para formar la Caja de Arena (recipiente, agua, figuras, arena), debiéndose valorar si resulta eficiente en términos de costes y beneficios.

Otra limitación estaría relacionada con los retos que supone la adecuación a la realidad educativa para incluir EMDR en el currículo escolar, de manera transversal o como actividad extracurricular, porque requiere en primer lugar un conocimiento por parte del profesorado de dicha técnica, y además, que la practiquen; y, en segundo lugar, este Programa no cuenta con el interés y la voluntad activa de demanda, donde el alumnado desconoce el método EMDR o sus efectos, y por lo tanto no lo demanda. Además, aplicar EMDR, no sólo conlleva bondades, sino que requiere identificar a aquel alumnado que presente trastornos relacionados con el bullying en fase aguda o crónica.

Por otro lado, los principios de EMDR entrarían en conflicto con los principios del currículo escolar tal y como están diseñados, donde lo que importa es conocer *lo de fuera*, mientras que para EMDR es conocer *lo de dentro* (pensamientos, sensaciones, emociones e imágenes). Finalmente, el sistema educativo español no cuenta con docentes formados para su aplicación, lo que conllevaría, dedicar recursos a prepararlos o bien contratar profesionales ajenos al ámbito educativo (psicólogos formados en EMDR) que se encargasen de su aplicación.

Una última limitación estaría relacionada con la dificultad de atribuir a dicha terapia la mejoría de los síntomas al ser utilizada junto a aspectos de mindfulness, relajación o elementos de la Terapia Cognitivo Conductual; aunque no se debe olvidar que Shapiro presenta esta terapia como integradora de otras terapias, que, aunque pudiera suponer una limitación en este aspecto, no deja de poder considerarse una virtud en beneficio del paciente, adaptándose a sus necesidades.

Por todo ello, en el futuro, se propone la aplicación del Programa TAVEMDR a lo largo de un curso escolar, y así, conocer el efecto del método EMDR a lo largo del mismo, tanto en los síntomas relacionados con el estrés postraumático como con otras variables relacionales, y hacerlo de forma comparativa con grupos de control a alumnos a los que se les aplique la TCC-CT. De esta manera, no sólo se proveería al Centro de un Protocolo de actuación ante el bullying (como sugiere la Fiscalía General y Subdirección General de Inspección educativa), sino que quedaría salvaguardada la posible responsabilidad civil en la que podría incurrir el Centro/profesor, por la no custodia en la vigilancia del alumno.

En este sentido, y aunque como se apuntaba con anterioridad, la APA (2017) ahora sólo la *sugiere* basándose en estándares de calidad de vida, se ha de tener en cuenta que, si se trata de una terapia eficaz en el tratamiento de los síntomas del TEPT, ha de primar el bien del menor por encima de disputas externas, y los profesionales, de manera responsable, sería deseable, que inclinen su actuación en este sentido.

No obstante, existe una realidad, que son pocos los estudios ECA realizados en la población de adolescentes, basados en Autoinformes y en algunos casos con poco seguimiento, o muestras pequeñas no representativas. Esto, puede ser fruto de la patente que existe en torno a esta terapia, siendo la formación y el acceso a los protocolos algo privativo y difícil de conseguir, sin olvidar que sólo existe un Protocolo estandarizado para adultos y no para la población infantojuvenil, lo que puede estar contribuyendo a la escasez de estudios.

De todo ello, se infiere, que son necesarias investigaciones más sistemáticas y controladas, robustas metodológicamente, en las que se aplique EMDR en ESO para seguir verificando la utilidad de dicho Programa.

EMDR EN VÍCTIMAS DE BULLYING

APÉNDICES

EMDR EN VÍCTIMAS DE BULLYING

A.
Protocolo de Actuación Individual Estándar EMDR

El modelo EMDR posee un Protocolo Estándar de 8 fases, el cual permite acceder a las redes disfuncionales, estimular su reprocesamiento y movilizar la información negativa hacia una resolución adaptativa (Rojas, 2017; Shapiro, 2004).

Fase 1: Historia Clínica. Con el objetivo de desarrollar un plan de tratamiento adecuado, se procede a la obtención de la historia psicosocial del paciente a través de la entrevista, se revisan los criterios de selección del paciente y se desarrolla un plan de secuencia de blancos en orden al pasado, presente y futuro.

Para ello, se realiza un registro de síntomas y disparadores actuales junto a su historia de apego. La existencia de experiencias traumáticas y recursos personales (capacidad integrativa, tolerancia a los afectos, estabilidad y vínculos afectivos). En caso contrario se pasa a la fase 2 para trabajar las necesidades para posteriormente volver a la fase uno. Ordenadamente se procesarán las dianas sobre cada experiencia disfuncional.

Fase 2: Preparación. Esta fase tiene como objetivo preparar al paciente. Así, en primer lugar, se le explica en qué consiste el método EMDR y el modelo PAI, incluyendo demostraciones prácticas (EB, distancia, señal de stop que indica que no quiere continuar, no enjuiciamiento de las imágenes que llegan); en segundo lugar, entrenamiento en habilidades de estabilización emocional (relajación, lugar seguro o en calma) para después del procesamiento o entre sesiones. Firma de Consentimiento Informado, de forma voluntaria, y creación de un buen rapport.

Fase 3: Evaluación. Con el fin de acceder y activar el blanco elegido, se le pide al paciente que identifique la imagen (I), la cognición negativa (CN), la emoción (E) y la sensación corporal (SC) asociada al recuerdo, midiendo la intensidad percibida de su perturbación emocional. Además, se le pide qué cognición positiva (CP) le gustaría tener frente al recuerdo, midiendo su validez (VOC). Las 3 siguientes fases (4, 5 y 6) alternan la EB con más elementos del procedimiento con el fin de acelerar el procesamiento de la información.

Fase 4: Reprocesamiento. Para reprocesar el recuerdo hasta que la escala subjetiva de perturbación puntúe 0 (SUD=0), se le pide al paciente que traiga a su mente el recuerdo con su I, la CN y SC, bajo la instrucción de que deje la mente fluir hacia lo que tenga que pasar, sin juzgar. Luego se le realiza EB en tandas, intercalando breves reportes sobre lo que le llega al paciente.

Fase 5: Instalación. Con el objetivo de provocar la conexión entre el recuerdo y la red de memoria adaptativa y la generalización a las demás redes neuronales, primeramente, se chequea la CP elegida por si el paciente desea cambiarla por otra más adecuada. Tras medir su validez (VOC), se vincula al blanco elegido con EB. Procedimiento que se repite hasta obtener un VOC de 7.

Fase 6: Chequeo Corporal. Para averiguar si existen residuos del material procesado en la sensación corporal, se chequea el cuerpo. Se le pide al paciente que con los ojos cerrados recorra su cuerpo en busca de alguna sensación extraña o de tensión. Si es así, se concentrará en ello y se le aplicará EB hasta que desparezca la perturbación.

Fase 7: Cierre. Con esta fase cerramos la sesión y estabilizamos al paciente. Puede ocurrir que el blanco se haya procesado completamente, para ello el SUD=0, el VOC=7 y no hay perturbaciones físicas, en cuyo caso se refuerza con EB breves, y el paciente puede compartir lo que siente y lo que ha aprendido. Advertiremos que el procesamiento puede continuar fuera de la consulta, entre sesiones, preparando al paciente, animando a realizar un registro y brindando la posibilidad de solicitar ayuda. También puede ocurrir que la sesión haya quedado incompleta porque no se ha terminado de procesar el blanco, en cuyo caso, antes de que se marche se le estabilizará para que se marche tranquilo. De igual forma, se invita a compartir y se realiza refuerzo positivo.

Fase 8: Reevaluación. Se evaluarán los cambios producidos en el paciente en la siguiente sesión. Así, siguiendo el enfoque de los 3 vértices, de la fase 3 a la 8, se repiten los blancos del pasado. Procesados, se trabajan los disparadores (lugares, personas, cosas o situaciones) del presente. Finalmente, se instalan los patrones de futuro. Una vez procesados todos los blancos del pasado, presente y futuro, se revisa por si queda alguna perturbación. Si el paciente se encuentra en paz con su pasado, fuerte en el presente y capaz de la toma de decisiones, así como una adecuada asimilación, la terapia ha terminado (Rojas, 2017).

Por la importancia de las experiencias tempranas sobre las respuestas a situaciones estresantes y traumáticas futuras, el análisis y conocimiento del tipo de Apego adulto, continuado del apego infantil y adolescente, es recomendable para una correcta conceptualización de los casos (Lupo, 2015).

B.

Protocolo de Actuación Grupal e Integrativo (EMDR-IGTP-OTS) adaptado a adolescentes

- Traducción propia -

Fase 1: Historia y evaluación del paciente. Se proporciona una sesión individual para llevar a cabo la toma de historial y la evaluación del paciente según los procedimientos EMDR Estándar (Shapiro, 2001) para determinar la idoneidad y la preparación para el tratamiento. Tenga en cuenta que la siguiente secuencia de las fases 2 a 8 se proporciona en cada sesión.

Fase 2: Preparación. En la primera sesión grupal, a los pacientes se les enseña el método de Abrazo de Mariposa (BH) para la estimulación bilateral autoadministrada (Artigas y Jarero, 2014). Los pacientes también están familiarizados con la Escala de Unidades Subjetivas de Disturbio (SUDS) donde 0 representa sin perturbaciones y 10 perturbaciones máximas (Shapiro, 2001) e instrucciones sobre cómo dividir su hoja de papel en cuatro cuadrantes y etiquetarlos A, B, C y D. Todas las sesiones grupales posteriores comienzan con la instrucción de una técnica de autocalmante.

Fase 3: Evaluación. Película Mental. En la primera sesión grupal, el líder del equipo les pide a los pacientes que cierren los ojos y "hagan una Película Mental de todo lo que sucedió justo antes del incidente original (por ejemplo, cáncer u otro diagnóstico crónico o prolongado de enfermedad) hasta ahora "y luego para identificar" el momento más difícil, más doloroso o angustiante "y las emociones y sensaciones corporales asociadas.

En todas las sesiones grupales posteriores, el líder del grupo pide a los pacientes que realicen la Película Mental y luego eligen para el reprocesamiento cualquier recuerdo que sea perturbador en ese momento.

Fase 4: desensibilización. Imagen A. Se les pide a los pacientes que dibujen esa experiencia en el cuadrado A y luego proporcionen una calificación SUDS para esa imagen. El líder dirige a los pacientes a realizar el BH, deteniéndose cuando está listo (unos 2-3 minutos).

Imagen B. El líder del equipo les pide a los pacientes que dibujen cómo se sienten ahora en el Cuadrado B y luego brinden un puntaje SUDS sobre ese dibujo. El líder les indica a los pacientes que realicen el BH, deteniéndose cuando estén listos (alrededor de 2-3 minutos).

Imágenes C y D. El procedimiento Imagen B se repite para cada una de las Imágenes C y D.

Puntaje SUDS al final de la sesión. El líder les dice a los pacientes que observen cuidadosamente todos los dibujos y luego elijan el dibujo que más les perturba, después cada uno vuelve a su hoja, y escribe una nueva puntuación SUDS que representa lo perturbado que se sienten en este momento

Fase 5: Visión del futuro. Imagen para Visión Futura. El líder les pide a los pacientes que dibujen cómo se ven a sí mismos en el futuro y que escriban una palabra, frase, o una oración como un título para el dibujo. Los pacientes, más tarde conducen el BH.

Fase 6: Escaneo Corporal. El líder del equipo les dice a los pacientes que recuerden el dibujo más perturbador y que noten cualquier sensación corporal agradable o desagradable y luego hacer el BH.

Fase 7: Cierre. Los pacientes realizan su ejercicio de autolimpieza favorito y luego se les brinda la oportunidad de compartir su experiencia de reprocesamiento. Los miembros del equipo de protección emocional (EPT) normalizan las experiencias de reprocesamiento, explicando que son normales y responden a preguntas.

Fase 8: Recomendaciones de Reevaluación y seguimiento. Después de la finalización de cada sesión de grupo, el equipo de EPT revisa el material de cada paciente para identificar a cualquier persona que requiera asistencia adicional (vea el siguiente ejemplo clínico). Al final de todas las sesiones grupales, los pacientes que requieren más tratamiento son identificados por el equipo.

EMDR EN VÍCTIMAS DE BULLYING

EMDR EN VÍCTIMAS DE BULLYING

C.
Criterios diagnósticos para TEPT y TEA

1. Criterios diagnósticos para TEPT

En el caso del TEPT, según el DSM-5 (APA, 2014), ocho son los criterios diagnósticos para el TEPT en adultos y mayores de 6 años:

El criterio A. Estima que el individuo ha sido expuesto directamente o ha visualizado, de forma real o tras amenaza a uno o más eventos traumáticos como la muerte, heridas graves o violación sexual. En este criterio, se hace necesario que haya habido una exposición repetida o extrema; excluyéndose las visualizaciones a través de medios electrónicos no creados para ese fin.

El criterio B. Se refiere a uno de los síntomas intrusivos, como son: los recuerdos o sueños del evento (involuntarios, intrusivos, angustiosos y recurrentes), entre los que se incluyen los flashbacks; las reacciones disociativas (por ejemplo, revivir el evento en presente, pudiendo llegar a perder la conciencia del entorno); el daño psicológico intenso o duradero al tomar contacto; y, alteraciones fisiológicas intensas relacionadas con aspectos del evento.

El criterio C. Está relacionado con la evitación prolongada de los estímulos asociados al evento (recuerdos, pensamientos o sentimientos y lugares, conversaciones, actividades, situaciones, objetos o personas).

El criterio D. Se refiere a 2 síntomas relacionados con las cogniciones negativas y del estado de ánimo asociadas al evento (amnesia para recordar un aspecto importante de hecho, creencias o exceptivas negativas magnificadas sobre uno mismo, los demás o el mundo de forma persistente, culpa, desinterés, desapego o distanciamiento del resto e incapacidad para experimentar emociones positivas).

El criterio E. Se refiere a 2 síntomas en las alteraciones del arousal, con hipervigilancia y respuestas de alarma exageradas; también, las actitudes imprudentes o autodestructivas, la ira, problemas de concentración y alteraciones del sueño.

El criterio F. Establece que la duración del trastorno debe ser superior a un mes en los criterios (B, C, D y E).

El criterio G. Prevé que dicho trastorno causará perjuicio en lo social, laboral u otras áreas comportamentales del individuo.

El criterio H. Se refiere a que dichas alteraciones no son atribuibles a efectos fisiológicos producto de una sustancia (alcohol, medicamentos, etc.) o afección médica.

Finalmente, especificar si hay síntomas disociativos (despersonalización (desapego), desrealización (irrealidad del

entorno) y si es con expresión retardada (cumplimiento de todos los criterios 6 meses después) (APA, 2014).

2. Criterios diagnósticos para TEA

Como se ha nombrado con anterioridad además del criterio
principal (A), han de concurrir, según el DSM-5 (APA, 2014),
al menos 9 de alguna de las cinco categorías (Criterio B):

- **Para síntomas de intrusión**. Sueños y recuerdos angustiosos recurrentes, reacciones disociativas o
malestar psicológico intenso relacionados con el evento.

- **Estado de ánimo negativo**. Incapacidad para experimentar emociones placenteras.

- **Síntomas disociativos**. Realidad alterada o incapacidad para recordar un aspecto importante.

- **Síntomas evitativos**. De recuerdos externos o internos
del evento.

- **Síntomas de alerta**. Irritabilidad, agresividad, respuestas exageradas, alteración del patrón del sueño,
hipervigilia y dificultad para concentrarse.

El trastorno ha de permanecer de 3 días a un mes (Criterio
C). Causar una alteración funcional importante en su vida
diaria (Criterio D). Finalmente, según el criterio (E), no deberse a sustancias tóxicas o afecciones médicas (APA,
2014).

EMDR EN VÍCTIMAS DE BULLYING

D.
Protocolo de Actuación Grupal Integrativo de EMDR (EMDR/IGTP)

- Traducción propia -

Fase 1: La historia del Cliente

Primero, los miembros del equipo enseñan a los profesores, padres y parientes sobre el desarrollo del trauma y alistan/enrolan/reclutan a estos individuos para identificar a los niños afectados. Los miembros del equipo tienen que estar pendientes de las necesidades de los pacientes dentro de su familia extendida, la comunidad y la cultura.

Los miembros de la familia pueden estar involucrados de forma continua de papeles activos a pasivos. El miembro de la familia puede ser requerido para estar presente y ser testigo o representar una función como parte del Equipo de Protección Emocional (EPT).

Decid, "Me gustaría preguntar a los miembros del equipo, si ellos podrían ayudar a los niños que necesitan ayuda para escribir o comprender cualquier cosa que hoy estarán haciendo".

Fase 2: Preparación - Primera Parte

Los profesionales que trabajan con los supervivientes de hechos traumáticos, en las secuelas inmediatas del trauma, deberían escuchar activamente y apoyar, pero no tantear/sondear por detalles y respuestas emocionales o presionar por más información de la que los supervivientes están proporcionando de forma cómoda. Los profesionales deben pisar ligeramente sobre la estela del desastre para no interrumpir las redes sociales naturales de apoyo y curación. Durante este Protocolo el resto del equipo forma un EPT alrededor de los niños para estar pendientes de sus reacciones emocionales y ayudarles cuando sea necesario. Recomendamos una ratio de un miembro del equipo por cada 8 niños. Si no se tienen suficientes facultativos/miembros en el equipo, los profesores de los niños y los miembros de la familia pueden ayudar.

Esta fase comienza con un ejercicio de integración. Al principio, obtener la atención de los niños y establecer la compenetración / el entendimiento. Utilizamos una pequeña muñeca mejicana llamada Lupita, un tambor pequeño y una marioneta de delfín, aunque se pueden usar otros materiales. Es útil para los profesionales de la salud mental utilizar cualesquiera otras técnicas que prefieran para captar la atención del niño y establecer la compenetración / el entendimiento.

Los objetivos son: (a) Familiarizar a los niños con el espacio donde van a trabajar o jugar; (b) Animar a los niños a acercarse al psicólogo para establecer la compenetración / el entendimiento y la confianza; (c) Facilitar la formación del grupo.

Lupita, la muñeca, presenta al tambor y al delfín a sus amigos. El psicólogo toca sonidos flojos en el tambor y pide a los niños acercarse como gigantes; cuando toca sonidos altos, tienen que retirarse como gente pequeña. El psicólogo puede decir algo como lo siguiente:

Decid, "Hola, mi nombre es Lupita (el psicólogo sostiene la muñeca y muestra el tambor y el delfín). Este es mi tambor y este es mi delfín y quiero que los conozcáis. Cuando escuchéis el sonido del tambor, por favor convertíos en los gigantes más grandes que podáis y venid hacia adelante (tocar sonidos flojos). Estupendo. Ahora, (tocas sonidos altos) convertíos en gente pequeña y moveos hacia atrás tan rápido como podáis".

Durante este tiempo, la líder del equipo dice cualquier cosa que necesite decir, de acuerdo con las circunstancias. Como es un trabajo creativo, la líder debe conocer a los niños y cómo trabajar con ellos empáticamente en un grupo creado.

El psicólogo usa el delfín para mostrar a los niños expresiones diferentes de sentimientos. El psicólogo hace que el delfín forme bocas grandes y pequeñas, bocas que parecen contentas, tristes, aburridas, temerosas, sorprendidas, enfadadas, etc, y los niños siguen a la líder imitando las expresiones del delfín.

Decid, "Aquí está el delfín y mirad cómo hace su boca taaan grande y después taaan pequeña. ¿Qué parece ahora (hace una cara feliz)?".

Decid, "¿Puedes hacer que tu cara parezca la cara feliz del delfín? Adelante. ¡Genial!".

Decid, "¿Qué parece ahora (hace una cara triste)?".

Decid, "¿Puedes hacer que tu cara parezca la cara triste del delfín? Adelante. ¡Genial!".

Decid, "¿Qué parece ahora (hace una cara de miedo)?".

Decid, "¿Puedes hacer que tu cara parezca la cara de miedo del delfín? Adelante. ¡Genial!".

Decid, "¿Qué parece ahora (hace una cara de sorpresa)?".

Decid, "¿Puedes hacer que tu cara parezca la cara de sorpresa del delfín? Adelante. ¡Genial!".

Decid, "¿Qué parece ahora (hace una cara de enfado)?".

Decid, "¿Puedes hacer que tu cara parezca la cara de enfado del delfín? Adelante. ¡Genial!".

De nuevo, la líder del equipo trabaja con el grupo en la forma que es específica del grupo. El delfín ayuda a los niños a establecer contacto con sus emociones, expresándolas a través de sus cuerpos.

Utilizando la muñeca, la líder del equipo enseña a los niños la técnica de la Respiración Abdominal.

Decid, "Cerrad los ojos, poned una mano en el estómago e imaginad que tenéis un globo dentro del estómago. Ahora, inhalad y mirad cómo el globo crece y sube vuestra mano.

Ahora, podéis exhalar y ver cómo el globo se desinfla y vuestra mano baja. Sólo observad".

El Abrazo de la Mariposa

La líder del equipo enseña a los niños el Abrazo de la Mariposa.

Decid, "¿Os gustaría aprender un ejercicio que os ayudará a sentiros mejor?".

Decid, "Por favor, miradme y haced lo que yo estoy haciendo. Cruzad los brazos sobre el pecho, de forma que, con las puntas de los dedos de cada mano, podáis tocas la zona que está situada debajo de donde se juntan la clavícula y el hombro. Vuestros ojos pueden estar cerrados o casi cerrados, mirando a la punta de vuestra nariz. Después, alternáis el movimiento de vuestras manos, como las alas aleteando de una mariposa. Respiráis lenta y profundamente (Respiración Abdominal), mientras observáis que está pasando a través de vuestra mente y cuerpo, tales como pensamientos, imágenes, sonidos, olores, sentimientos y sensaciones físicas sin cambiar, alejar vuestros pensamientos o juzgarlos. Puedes fingir que son nubes pasando".

Es importante observar a los niños para asegurarse que son capaces de seguirlo. Los miembros del EPT pueden estar alerta e ir tranquilamente hacia el niño que necesita ayuda.

Decid, "Ahora, por favor, cerrad los ojos y utilizad vuestra imaginación para ir a un lugar donde os sintáis seguros o tranquilos. ¿Qué imágenes, colores, sonidos, por ejemplo, sentís en ese lugar seguro?".

Decid, "Ahora, por favor haced el Abrazo de la Mariposa".
Los miembros del EPT están situados alrededor del grupo, de forma que son capaces de escuchar las respuestas de los niños. Normalmente, los niños dirán sus respuestas en voz alta, dando a los miembros del equipo la posibilidad de responder individualmente a cada niño según lo necesiten.

El objetivo aquí es asegurarse de que cada niño ha encontrado un lugar Seguro/En Calma en su imaginación.

Opcional

Decid, "Ahora, por favor, sacad un papel y dibujad el lugar Seguro/En calma que habéis imaginado. Cuando hayáis terminado, por favor, haced el Abrazo de la Mariposa mientras miráis a vuestro dibujo".

Los niños pueden llevarse el dibujo a casa y usarlo con el Abrazo de la Mariposa siempre que necesiten sentirse mejor. El Abrazo de la Mariposa se utiliza para anclar el afecto positivo, las cogniciones y las sensaciones físicas asociadas con imágenes producidas por la técnica de la "imaginación guiada".

Asegurarse de reconocer/reparar en las respuestas de los niños. No hay conversación durante el proceso así que los niños no son sacados del proceso. Si un niño sufre cualquier dificultad, uno de los miembros del EPT puede ayudar al niño.

Trabajo del Trauma

Decid, "Ahora, por favor, sacad un papel y dibujad el lugar Seguro/En calma que habéis imaginado. Cuando hayáis terminado, por favor, haced el Abrazo de la Mariposa mientras miráis a vuestro dibujo".

El psicólogo continúa diciendo, "Es normal que so sintáis así; sois chicos y chicas normales que habéis sufrido una experiencia anormal, y por eso es normal que tengáis esos sentimientos. Es normal también tener sentimientos diferentes a los de vuestros amigos y otros niños, ya que cada persona vive y siente las cosas de forma diferente. Es realmente normal".

El objetivo es validar los signos y síntomas del estrés post-traumático.

El psicólogo continúa y dice, "Cuando volváis a casa después de este ejercicio, podéis hablar con la gente en la que confiáis sobre vuestros pensamientos y sentimientos, tanto como queráis y cuando os sintáis lo más a gusto posible para hacerlo".

Reacción de los Niños a la Escala de Eventos Traumáticos (CRTES)

El equipo administra la CRTES, aquí al final de la primera parte de la

Fase de Preparación.

Decid, "Aquí hay una escala para que la miréis. Por favor, contestad a la pregunta sobre ella. Si tenéis preguntas, por favor, preguntad a uno de las Miembros del Equipo de Protección Emocional para que os ayude".

El asesoramiento psicológico estandarizado se usa cautelosamente. Es útil para los miembros del equipo estar concernidos sobre la compenetración / el entendimiento con los miembros de la familia y los niños. Necesitan demostrar por su comportamiento que están verdaderamente interesados en los niños como seres humanos y no como objetos de curiosidad científica. Esta costumbre debilita el valor de los datos científicos obtenidos, mientras respeta los deseos de nuestros pacientes latinoamericanos de no ser estigmatizados por los procedimientos formales de evaluación. Según nuestra experiencia, los pacientes también tienden a rechazar la asistencia de aquellos a los que juzgan como oportunistas, en este caso cualquiera que parezca estar interesado en la víctima como un objeto de estudio.

Fase 2: Preparación – Segunda Parte -

Mostrad a los niños las caras que miden SUDS desde 0 a 10, con el 0 como ninguna alteración/trastorno/molestia y el 10 como la máxima. Si no tenéis las caras originales, podéis dibujarlas en la pizarra.

Decid, "Aquí están las caras que miden los sentimientos en una escala de 0 a 10, donde el 0 no te molesta nada y el 10 te molesta lo máximo".

Nota: los facultativos son bienvenidos para utilizar las mejores palabras and fotografías/dibujos para su audiencia.
Familiarizar a los niños con la escala.

Decid, "¿Cómo os sentís cuando obtenéis buenas puntuaciones? Por favor, señalad la cara que describe cómo os sentís".

Ahora, decid, "¿Cómo os sentís cuando estáis ansiosos? Por favor, señalad la cara que muestra cómo os sentís".

Hemos observado que los niños que no están todavía familiarizados con los números, algunas veces dirán un número o señalarán una cara que no se corresponde. En consecuencia, es mejor escoger la cara que señalan para pasar por alto el número que dicen (uno de los miembros del EPT puede escribir el número correcto). Los miembros del EPT reparten hojas de papel y lápices de colores a cada niño (tened lápices de colores extras en caso de que los niños pidan más).

Decid, "Por favor, escribid vuestro nombre y edad en la parte superior izquierda del papel (enseñadles cómo hacerlo)".

Los miembros EPT pueden ayudar a los que no saben hacerlo.

Decid, "Ahora, por favor, dividid la otra parte del papel en cuatro partes iguales cómo esto. Dibujad una cruz en el Centro como esta y escribid una letra pequeña en la esquina superior izquierda de cada sección, así".

Los psicólogos les enseñan en la pizarra cómo hacerlo y el EPT ayuda.

Nota: en este Protocolo hemos dividido la hoja de papel en cuatro, dada la escasez de materiales en los albergues, aunque es aceptable utilizar cuatro hojas de papel, asegurándose que cada una tiene su nombre y la edad del niño y la correspondiente letra, de forma que la secuencia pueda ser identificada.

Fase 3: Asesoramiento.

Los psicólogos dicen, "Cualquiera que recuerde lo que ocurrió durante el incidente-------------------- (mención al incidente – huracán, inundaciones, explosión, etc.), por favor que levante la mano".

Los niños levantan las manos.

Decid, "Ahora, cerrad vuestros ojos y observad que es lo que más os asusta, entristece u os angustia sobre el incidente--------------- (mencionad el incidente) AHORA".

El psicólogo continúa, "Llevad lo que salga de vuestra cabeza a vuestro cuello, a vuestros brazos, a vuestra manos y dedos, al lápiz de color, y ahora abrid vuestros ojos y dibujadlo en el cuadrado A". Cuando todos los niños hayan acabado, enseñadles las caras de nuevo.

Decid, "Aquí están las caras otra vez. En el cuadrado A, por favor escribid el número de la cara que corresponde al sentimiento que tenéis cuando miráis a vuestro dibujo SUDS)".

Nota: los pacientes pueden escribir espontáneamente lo que están sintiendo: "Tengo miedo", "Estoy en peligro", "Puedo morir" = Cognición negativa. No es necesario preguntar a los niños por ella. Sólo aceptar lo que hacen en su dibujo. El impacto emocional no siempre aparece con el primer dibujo; algunas veces, aparece en el segundo o en el tercero.

Fase 4: Desensibilización

Una vez que los niños han hecho esto, decid lo siguiente:

Decid, "Por favor, poned los lápices de colores en un lado y hace el Abrazo de la Mariposa, mientras estáis mirando al dibujo".

Esto dura aproximadamente 60 segundos.

Después, el psicólogo dice, "Ahora, observad como os sentís y dibujad lo que queráis en el cuadrado B relacionado con el incidente".

Cuando hayan acabado de dibujar en el cuadrado B, mostradles las caras de nuevo.
Decid, "Por favor, mirad de nuevo a las caras y anotad el número de la cara que corresponde a cómo os sentís cuando miráis al dibujo en el cuadrado B".

Después de anotar el número, decid lo siguiente:

Decid, "Por favor, poned los lápices de colores en un lado y hace el Abrazo de la Mariposa, mientras estáis mirando al dibujo".

Esto dura aproximadamente 60 segundos.

Después, el psicólogo dice, "Ahora, observad como os sentís y dibujad lo que queráis en el cuadrado C relacionado con el incidente".

Cuando hayan acabado de dibujar en el cuadrado C, mostradles las caras de nuevo.

Decid, "Por favor, mirad de nuevo a las caras y anotad el número de la cara que corresponde a cómo os sentís cuando miráis al dibujo en el cuadrado C".

Después de anotar el número, decid lo siguiente:

Decid, "Por favor, poned los lápices de colores en un lado y hace el Abrazo de la Mariposa, mientras estáis mirando al dibujo".

Esto dura aproximadamente 60 segundos.

Después, el psicólogo dice, "Ahora, observad como os sentís y dibujad lo que queráis en el cuadrado C relacionado con el incidente".

Cuando hayan acabado de dibujar en el cuadrado C, mostradles las caras de nuevo.

Decid, "Por favor, mirad de nuevo a las caras y anotad el número de la cara que corresponde a cómo os sentís cuando miráis al dibujo en el cuadrado C".

Después de anotar el número, decid lo siguiente:

Decid, "Por favor, poned los lápices de colores en un lado y hace el Abrazo de la Mariposa, mientras estáis mirando al dibujo".

Después, el psicólogo dice, "Mirad atentamente al dibujo que más os molesta. En la parte de atrás de vuestro papel, donde escribisteis vuestro nombre y edad, escribid el número que va con la cara (SUD) que mejor describe cómo os sentís con el dibujo AHORA. Escribid el número en la parte superior derecha del papel".

Fase 5: Visión de Futuro (en lugar de instalación)

Fase 5 (Instalación) del Protocolo EMDR Estándar no pude aplicarse en grupos grandes por las siguientes razones: cada participante puede tener un nivel SUD diferente porque algunos niños no pueden avanzar más; pensamientos de bloqueo; traumas y problemas anteriores; o tener diferentes tiempos para procesar (para algunos puede ser no suficiente seguir el formato de los cuatro diseños) y alcanzar un nivel ecológico de alteración.

Podemos aplicar la Fase de Instalación durante la intervención del seguimiento posterior individual (ver Fase 8). En este paso del protocolo, trabajamos en una Visión de Futuro para identificar cogniciones adaptativas o no adaptativas que son útiles en la evaluación del niño y al final del protocolo. Un ejemplo de una cognición no adaptativa: un niño de 8 años dio un SUD de 0 cuando regresó al objetivo, se dibujó a él mismo en el cielo con su padre, Dios y los ángeles, y escribió "Quiero morir pronto para estar en el cielo con mi papá." Su madre le había dicho que su papá (que había muerto en una inundación) estaba muy contento en el cielo con Dios y los ángeles.

Decid, "Ahora, dibujad cómo os veis en el futuro".

Después, decid, "Escribid una palabra, frase o unas frases que expliquen lo que dibujasteis".

Después, decid, "Mirad a vuestro dibujo y lo que escribisteis sobre él y haced el Abrazo de la Mariposa".

Creemos que, si el paciente tiene una cognición adaptativa, el Abrazo de la Mariposa le ayudará en la instalación y si el paciente no tiene una cognición adaptativa, el Abrazo de la Mariposa le ayudará en el proceso a un estado adaptativo. Los monitores EPT recogen todos los dibujos.

Fase 6: Escaneo/Recorrido Corporal

La líder del equipo enseña a los niños al Técnica del Escaneo Corporal.

El psicólogo dice algo parecido a lo siguiente:

Decid, "Cerrad los ojos y recorred vuestro cuerpo de la cabeza a los pies. Si sentís algunas sensaciones corporales agradables o alteraciones/molestias haced el Abrazo de la Mariposa y decídselo a la persona que os está ayudando (EPT)".

Al final del ejercicio, la líder dice "Ahora, moved el cuerpo así (el psicólogo mueve todo su cuerpo como un perro sacudiéndose el agua después de un baño, haciendo reír a los niños)".

Este es un ejercicio divertido de juegos para acabar en una nota positiva de juego.

Fase 7: Cierre

El psicólogo dice entonces, "Id a vuestro Lugar Seguro usando el Abrazo de la Mariposa"

Haced esto durante 60 segundos.

Después dice, "Respirad profundamente tres veces y abrid vuestros ojos".

Fase 8: Reevaluación y Seguimiento

Al final del grupo de intervención, el EPT identifica a los niños que necesitan más asistencia. Estos niños necesitarán ser evaluados a fondo para identificar la naturaleza y extensión de sus síntomas, y otros problemas de salud mental anteriores o presentes. Esa identificación se hace tomando en consideración informes hechos por el profesor del niño y sus parientes, los resultados CRTES, la secuencia completa de dibujos y valores SUD, Escaneo Corporal, la cognición y dibujos de la Visión de Futuro y el Informe del Equipo de Protección Emocional.

El equipo puede tratar aquellos que requieren una atención de seguimiento individual, utilizando el EMDR-IGTP-OTS en pequeños grupos o en una base individual, manteniendo en mente el Plan de Secuencia de Objetivo y el Protocolo de terapia de 3 vértices de EMDR (pasado, presente y futuro).

EMDR EN VÍCTIMAS DE BULLYING

EMDR EN VÍCTIMAS DE BULLYING

E.

Consentimiento Informado

D/Dª………………………con DNI………..………………..

En su nombre. En representación de D/Dª…en calidad de….

MANIFIESTA QUE:

Ha recibido toda la información necesaria de forma confidencial, clara, comprensible y satisfactoria relativa a la naturaleza y propósito de los objetivos, temporalidad, y procedimientos que se seguirán a lo largo del proceso a seguir, aplicándose los artículos referidos a las normas de confidencialidad establecidas en el Código Deontológico de los psicólogos.

Por otra parte, el psicólogo para un mejor resultado de la evaluación y tratamiento psicológicos guardará la confidencialidad de los datos obtenidos del menor, salvo que exista riesgo para su salud o la de terceros.

Por lo que AUTORIZO a D/Dª…………….a realizar la citada intervención profesional

En………..a………..de……… del

Firma: Firma:

                                               Psicólogo Col N. º……

EMDR EN VÍCTIMAS DE BULLYING

F.

Contrato de Confidencialidad

Por la presente D/Dña. ....

Con D.N.I: ....

Presta voluntariamente su consentimiento a mantener la confidencialidad y no difusión de los datos de los integrantes del grupo ni de los contenidos que allí se traten durante el desarrollo de las sesiones de tratamiento grupales, de forma que no se favorezca su identificación y quede en el anonimato su participación y los materiales utilizados.

Lugar...
Fecha....../....../.......

Firma del paciente

EMDR EN VÍCTIMAS DE BULLYING

EMDR EN VÍCTIMAS DE BULLYING

G.

El Abrazo de la Mariposa

Siguiendo a Lovett (2016), el ejercicio del *Abrazo de la Mariposa (Butterfly Hug)* para la EB fue creado y desarrollado por Lucina Artigas ante la necesidad de asistir a los niños supervivientes del huracán Paulina en Acapulco (México), que se produjo en 1998 (Jarero y Artigas, 2012). Se extendió posteriormente a adultos. Está formado por tres partes fundamentales (imaginar un lugar seguro mentalmente; notar la sensación de seguridad en el cuerpo; y, golpear con suavidad las manos alternativamente sobre los hombros de forma cruzada).

Existen tres formas de realizarlo: 1) Cruzando los brazos sobre el pecho y depositando las manos en ambos hombros, moviendo las manos a modo de mariposa; 2) Con las manos abiertas, mirando hacia el pecho y pulgares entrelazados, moviendo las manos a modo de mariposa; y, 3) Dando toques con los dedos de los pies dentro de los zapatos. Mientras se realizan estos movimientos se trae a la mente la imagen del lugar seguro, se nota la sensación de tranquilidad en el cuerpo y se dan los golpecitos alternativamente. Su duración, velocidad e intensidad en el movimiento son elegidas por el paciente (Lovett, 2016).

Este ejercicio puede ser también realizado por los padres o cuidadores a su hijo. Sentando a este sobre su regazo de espaldas o de frente, el cuidador principal efectúa los movimientos con sus propias manos en la forma descrita anteriormente.

De utilidad en diversos contextos: durante el Protocolo Estándar de EMDR tanto con niños como con adultos, con la finalidad de procesar una o varias memorias traumáticas. Se cree que el autocontrol que se obtiene por los pacientes que utilizan este ejercicio, puede empoderarlos, ayudando en su sentido de seguridad, al ser procesados los recuerdos traumáticos (Jarero y Artigas, 2009); entre sesiones, con la finalidad de desensibilizar emociones manifiestamente perturbadoras, cuando las técnicas de autocontrol no son efectivas de forma rápida, pues en los estudios realizados, el ejercicio de una actividad y la presencia de la memoria perturbadora al mismo tiempo, reduce la vividez y emotividad de dicha memoria (Hornsveld *et al.*, 2011), hecho que podría explicar la teoría de la memoria de trabajo (Maxfield *et al.*, 2008); como parte del Protocolo EMDR-IGTP-OTS, utilizado de forma exitosa en sobrevivientes de sucesos traumáticos (desastres naturales), cuando el grupo reprocesa el mismo suceso traumático (Aduriz, Knopfler y Bluthegen 2009; Jarero *et al.*, 2006; Jarero *et al.*, 2009; Jarero y Artigas, 2010). Hay experiencias positivas en la exposición *in vivo*, ayudando a procesar la situación (Lovett, 2016).

Sobre la autora

Ana María Gea es Psicóloga, con doble Licenciatura, Licenciada en Psicología Clínica y Licenciada en Psicología de la Educación, por la Universidad Nacional de Educación a Distancia (UNED). También es Psicoterapeuta EMDR, con formación básica y avanzada, especializada entre otras en trastornos disociativos de la personalidad, trastornos de la conducta alimentaria y trastorno límite de la personalidad..., tanto en adultos como en adolescentes o niños, por la Asociación Española de EMDR. Es Diplomada Universitaria en Enfermería por la Universidad de Murcia, con una larga trayectoria profesional de casi 30 años, cuya formación y contacto directo los últimos 20 años con la Salud Mental, le han permitido conocer de cerca y acompañar en las diferentes dificultades emocionales con las que se enfrenta el ser humano. Además, cuenta con la Certificación de Aptitud Pedagógica (CAP) por la Universidad de Murcia, lo que capacita su actuación en el ámbito educativo.

Posee diversas formaciones entre las que se incluyen varios Másteres Oficiales   como Máster en Psicología General Sanitaria, Máster en Terapias Psicológicas de Tercera Generación, Máster en Inteligencia Emocional y Educación, así como un Postgrado Especialista en Hipnosis Clínica.

Con la realización de esta obra la autora ha querido contribuir a la erradicación   del bullying y transmitir a los alumnos que lo sufren, algunos en silencio, que no están solos y que se les quiere y se les puede ayudar.

EMDR EN VÍCTIMAS DE BULLYING

Referencias bibliográficas

Abel, N. J. y O'Brien, J. M. (2010). EMDR treatment of comorbid PTSD and alcohol dependence: A case example. *Journal of EMDR Practice and Research, 4*(2), 50–59.

Achenbach, T.M. y Rescorla, L.A. (2001). *Manual for the ASEBA School-Age Forms o Profiles*. Burlington, VT: University of Vermont, Research Center for Children, Yoth and Families.

Aduriz, M.E., Knopfler, C. y Bluthegen, C. (2009). Helping child flood victimis using group EMDR intervention in Argentina: Treatment outcome and gender differences. *International Journal of Stress Mangement, 16*(2), 138-153.

Alcántara, M., Castro, M., Martínez, A., Fernández, V. y López-Soler, C. (2017). El sistema de realidad virtual EMMA-Child para el tratamiento del trauma infantil: experiencias iniciales. *Revista de Psicología Clínica con Niños y Adolescentes, 4*(3), 26-34.

Álvarez-García, D., Menéndez, S., González-Castro, P. y Rodríguez, C. (2012). Hiperactividad-impulsividad y déficit de atención como predictores de participación en situaciones de violencia escolar. *International Journal of Psychology and Psichological Therapy, 12*(2), 185-202.

Álvarez-García, D., Dobarro, A., Álvarez, L., Núñez, J. C. y Rodríguez, C. (2014). La violencia escolar en los Centros de educación secundaria de Asturias desde la perspectiva del alumnado. *Educación XX1, 17*(2), 337-360.

Álvarez-García, D., Barreiro-Collazo, A. y Núñez, J. C. (2017). Ciberagresión entre adolescentes: prevalencia y diferencias de género. Comunicar: Revista Científica de Educomunicación, 25(50), 89-97.

Alzate, L. y Muñoz, C. (2016). El reflejo de la realidad interna en el juego con la Caja de Arena. *Revista de Psicología Universidad de Antioquía, 8*(1), 111-126.

Ahmad A, Larsson B. y Sundelin-Wahlsten V. (2007). EMDR treatment for children with PTSD: Results of a randomized controlled trial. *Nordic Journal Psychiatry, 61*(5), 349-354.

American Psychological Association. (2017). *Clinical Practice Guideline for the Treatment of Posttraumatic Stress Disorder (PTSD) in Adults.*

Appendices. Washington, DC. Recuperado de http://www.apa.org/about/offices/directorates/guidelines/ptsdguide-line-appendices.pdf

Armstrong, J., Putnam, F.W., Carlson, E.B., Libero, D.C. y Smith, S.R. (1997). Development and validation of a measure of adolescent dissociation: The Adolescent Dissociative Experiences Scale (A-DES). *Journal of Nervous and Mental Disease, 185*(8), 491-497.

Arnone, R., Orrico, A., d'Aquino, G. y Di Munzio, W. (2012). EMDR e terapia psicofarmacologica del trattamento del disturbo da stress post-traumatico.TT - EMDR and psychopharmacological therapy in the treatment of thepost-traumatic stress disorder. *Rivista di Psichiatria, 47*(2), 8–11.

Artigas, L. L. y Jarero, I. (2005). El abrazo de la mariposa. *Revista de Psicotrauma para Iberoamérica, 4*(1), 1-30.

Asociación Americana de Psiquiatría (APA). (2014). *Manual diagnóstico y estadístico de los trastornos mentales, 5ª edición, (DSM-5).* Madrid: Editorial médica Panmericana.

Bados, A. (2017). Trastorno por Estrés Postraumático: Naturaleza, evaluación y tratamiento. Universitat de Barcelona: Barcelona.

Bae, H. y Kim, D. (2012). Desensitization of triggers and urge reprocessing for an adolescent with Internet addiction disorder. *Jorunal of EMDR Practice and Research, 6*(2), 73-81.

Baita, S. (2015). Rompecabezas: una guía introductoria al trauma y la Disociación en la infancia. Buenos Aires: El autor.

Bartholomew, K. y Horowitz, L. M. (1991). Attachment styles among young adults. *Journal of Personality and Social Psychology, 61*(2), 226-244.

Bali, A., Randhawa, P. K. y Jaggi, A. S. (2015). Stress and opioids: role of opioids in modulating stress-related behavior and effect of stress on morphine conditioned place preference. *Neuroscience and Biobehavioral Reviews, 51,* 138–50. http://doi.org/10.1016/j.neubiorev.2014.12.018.

Beckerman, N.L. y Auerbach, C. (2014). PTSD as aftermath for bullied LGBT Adolescents: The case for comprehensive assessment. *Journal Social Work in Mental Health, 12*(3), 195-211.

Belda, X., Fuentes, S., Daviu, N., Nadal, R. y Armario, A. (2015). Stress-induced sensitization: the hypothalamic-pituitary-adrenal axis and beyond. *Stress, 18*(3), 269-279.

Bongaerts, H., Van Minnen, A. y de Jongh, A. (2017). EMDR Intensivo para tratar a pacientes con Trastorno de Estrés Postraumático Complejo: Una serie de Casos. *Revista de investigación y Práctica de EMDR, 11*(2), 1-21.

Boterhoven de Haan, K. L., Lee, C. W., Fassbinder, E., Voncken, M. J., Meewisse, M., Van Es, S. M., Menninga, S., Kousemaker, M. y Arntz, A. (2017). Imagery rescripting and eye movement desensitisation and reprocessing for treatment of adults with childhood trauma-related post-traumatic stress disorder: IREM study design. *BMC psychiatry, 17*(165), 1-12.

Bui, E., Ohye, B., Palitz, S., Olliac, B., Goutaudier, N., Raynaud, J. P., Founou, K.B. y Stoddard, F. J. (2017). *Reacciones agudas y crónicas ante trauma en niños y adolescentes.* IACAPAP: Ginebra.

Brown, R. C., Witt, A., Fegert, J. M., Keller, F., Rassenhofer, M. y Plener, P. L. (2017). Psychosocial interventions for children and adolescents after man-made and natural disasters: a meta-analysis and systematic review. *Psychol Med. 47*(11), 1893–1905.

Caballo, V.E., Calderero, M., Carrillo, G.B., Salazar, I.C. e Irurtia, M.J. (2011). Acoso escolar y Ansiedad social en niños (II): una propuesta de intervención en formato lúdico. *Psicología Conductual, 19*(3), 611-626.

Camps-Pons, S., Castillo-Garayoa, J.A. y Cifre, I. (2014). Apego y psicopatología en adolescentes y jóvenes que han sufrido maltrato: implicaciones clínicas. *Clínica y Salud, 25*(1), 67-74.

Carvajal, C. (2002). Trastorno por Estrés Postraumático: aspectos clínicos. *Revista chilena de neuro-psiquiatría, 40*(2), 20-34.

Chemtob, C.M., Nakashima, J. y Carlson, J.G. (2002). Brief-treatment for elementary school children with disaster-related PTSD: A field study. *Journal of Clinical Psychology, 58*(1), 99-112.

Chen, L., Zhang, G., Hu, M. y Liang, X. (2015). Eye movement desensitization and reprocessing versus cognitive-behavioral therapy for adult posttraumatic stress disorder: systematic review and meta-analysis. *The Journal of Nervous and Mental Disease, 203*(6), 443-451.

Cerezo, F. (2009). Bullying: análisis de la situación en las aulas españolas. *International Journal of Psychology and Psichological Therapy, 9*(3), 367-378.

Cerezo, F., Calvo, A. y Sánchez, C. (2010). Programa CIP Intervención psicoeducativa y tratamiento diferenciado del bullying. Concienciar, informar y prevenir. Madrid: Pirámide.

Cerezo, F. (2014). El test Bull-S para la evaluación sociométrica del bullying. Actualización. *International Journal of Developmental and Educational Psychology. Revista INFAD de Psicología, 7*(1), 35-43.

Cerezo, F. (2016). *Psicología y Eduación: Presente y futuro* ¿Son útiles los programas de intervención? ¿Cómo evaluar su eficacia? Universidad de Murcia: ACIPE.

Cerezo, F. y Rubio, F. J. (2017). Medidas relativas al acoso escolar y ciberacoso en la normativa autonómica española. Un estudio comparativo. *Revista Electrónica Interuniversitaria de Formación del Profesorado, 20*(1), 113-126.

Colelli, G. y Patterson, B. (2008). Three case reports illustrating the use ofthe protocol for recent traumatic events following the World Trade Cen-ter terrorist attack. *Journal of EMDR Practice and Research, 2*(2), 114-123.

Coelho, L.A., Maia, R. y Oliveira, J.M.C. (2010). Bases neurobiológicas del estrés post-traumático. *Revista Anales de Psicología, 26*(1), 1-10.

Clasificación de los trastornos mentales y del comportamiento (CIE). (2000). *Guía de bolsillo de la clasificación, 10ª edición, (CIE-10)*. Madrid: Panamericana.

Cloitre, M., Courtois, C.A., Charuvastra, A., Carapezza, R., Stolbach, B.C. y Green, B.L. (2011). Treatment of complex PTSD: Results of the ISTSS expert clinician survey on best practices. *Journal of traumatic stress, 24*(6), 615-627.

Cohen, J, A., Mannarino, A.P. y Deblinger, E. (2006). *Treating trauma and traumatic grief in children and adolescents*. New York: The Guilford Press.

Constitución Española, de 29 de diciembre de 1978. *Boletín Oficial del Estado*,311, 29313 – 2942.

Christman, S.D., Garvey, K.J., Propper, R.E. y Phaneuf, K.A. (2003). Bilateral Eye Movements Enhance the Retrieval of Episodic Memories. *Neuropsychology, 17*(2), 221-229.

Crosby, J.W., Oehler, J. y Capaccioli, K. (2010). The relationship between peer victimization and post-traumatic stress symptomatology in a rural sample. *Psychology in the Schools, 47*(3), 297–310.

Connor, K.M. y Davidson, J.R.T. (2001). SPRINT: A brief global assessment of post-traumatic stress disorder. *International Clinical Psychopharmacology, 16*(5), 279-284.

Cusack, K., Jonas, D. E., Forneris, C. A., Wines, C., Sonis, J., Middleton, J. C., Feltner, C., Brownley, K.A., Olmsted, K.R., Greenblatt, A., Weil, A. y Gaynes, B.N. (2016). Psychological treatments for adults with posttraumatic stress disorder: A systematic review and meta-analysis. *Clin. Psychol. Rev. 43*(1), 128- 141.

Cohen, J. (1988). Statistical power analysis for the behavioral sciences. Hillsdale, Nj: Erlbaum.

Coubard, O. A. (2014). Eye Movement Desensitization and Reprocessing__(EMDR) re-examined as cognitive and emotional neuroentrainment._*Frontiers in Human Neuroscience, 8*(1035), 1-4.

Dane, A. V., Marini, Z. A., Volk, A. A. y Vaillancourt, T. (2016). Physical and relational bullying and victimization: Differential relations with adolescent dating and sexual behavior. *Aggressive behavior,43*(2), 111-122.

Da Silva, S.M. y Keeler, C. (2017). Adolescent Peer Victimization and PTSD Risk. *Adolescent Psychiatry, 7*(1), 25-43.

Defensor del Pueblo-UNICEF (2007). Violencia escolar: el maltrato entre iguales en la educación secundaria obligatoria, 1999-2006. Madrid: Publicaciones de la Oficina del Defensor del Pueblo. Recuperado de http://www.defensordelpueblo.es/es/Documentacion/Publicaciones/monografico/Documentacion/Informe_violencia_escolar_ESO.pdf

Del Barrio, V. y Carrasco, M. A. (2004). *CDI. Inventario de Depresión infantil.*
Madrid: TEA Ediciones.

Del Barrio, V., Aluja, A. y Spielberger, C.D. (2004). Evaluación de la ira: Propiedades psicométricas de una aversión del STAXI para niños y adolescentes. *Personality and Individual Differences, 37*(2), 227-244.

Del Barrio, V., Spielberger, C.D. y Aluja, A. (2005). *STAXI-NA: Inventario de expresión de ira estado-rasgo en niños y adolescentes.* Madrid: TEA Ediciones.

De Roos, C. Greenwald, R., den Hollander-Gijsman, M, Noorthoorn, E., van Buuren, S. y De Jongh, A. (2011). A randomised comparison of cognitive behavioural therapy (CBT) and eye movement desensitisation and reprocessing (EMDR) in disaster exposed children. European *Journal of Psychotraumatology, 2*(5694), 1-11.

Devilly, G.J. (2001). The successful treatment of PTSD through overt cognitive behavioral therapy in non-responders to EMDR. *Behavioural and Cognitive Psy-chotherapy, 29*(1), 57-70.

Díaz-Aguado, M. J. (2006). *Del acoso escolar a la cooperación en las aulas*. Madrid: Pearson Educación.

Diehle, J. Schmitt, K., Daams, J. G., Boer, F. y Lindauer, R. J. (2014). Effects of psychotherapy on trauma-related cognitions in posttraumatic stress disorder: a meta-analysis. *Journal Trauma Stress, 27*(3), 257-264.

Diehle, J., Opmeer, B. C., Boer, F., Mannarino, A.P. y Lindauer, R.J. (2015). Trauma-focused cognitive behavioral therapy or eye movement desensitization and reprocessing: What works in children with posttraumatic stress symptoms? A randomized controlled trial. *European Child & Adolescent. Psychiatry, 24*(2), 227-236.

Dyregrow, A. y Yule, W. (2006). A Review of PTSD in Children. *Child and Adolescent Mental Health, 11*(4), 176-184.

Duarte, C., Pinto-Gouveia, J. y Stubbs, R.J. (2017). Atención compasiva y regulación del comportamiento alimentario: un estudio piloto de una breve intervención de baja intensidad para atracones. *Psicología Clínica y Psicoterapia, 24*(6), 1437-1447.

Echeburúa, E., Amor, P. J., Muñoz, J. M., Sarasua, B. y Zubizarreta, I. (2017). Escala de Gravedad de Síntomas del Trastorno de Estrés Postraumático según el DSM-5: versión forense (EGS-F). *Anuario de Psicología Jurídica, 27*(1), 67–77.

EMDR Humanitarian Assistance Programs. (2016). *Trauma recovery EMDR Humanitarian Assistance Programs. Research findings*. Recuperado de http://www.emdrhap.org/content/what-is-emdr/research-findings/

Elofsson, U. O., von Schèele, B., Theorell, T. y Söndergaard, H. P. (2008). Physiological correlates of eye movement desensitization and reprocessing. *Journal of Anxiety Disorders, 22*(4), 622-634.

Estrada, B.D., Molina, N. y Navarro, M.E. (2015). Neuropsychological and Physiological Outcomes Pre-and Post-EMDR Therapy for a Woman with PTSD: A case study. *Journal of EMDR Practice and Research, 9*(4), 174–187.

Farkas, L., Cyr, M., Lebeau, T. M. y Lemay, J. (2010). Effectiveness of MASTR/EMDR therapy for traumatized adolescents. *Journal of Child & Adolescent Trauma, 3*(2), 125-142.

Ferguson, C.J., San Miguel, C., Kilburn, J.C. y Sánchez, P. (2007). The effec Tiveness of school-based anti-bullying programs: A meta-analytic review. *Criminal Justice Review, 32*(4), 401-414.

Foa, E. B. y Rothbaum, B. O. (1998). Treating the trauma of rape: Cognitive-behavioral therapy for PTSD. New York: Guilford Press.

Foa, E.B., Keane, T.M., Friedman, M.J. y Cohen, J.A. (2005). Effective treatments for PTSD: Practice guidelines from the International Society for Traumatic Stress Studies. New York: Guilford Press.

Fuller, B., Gulbrandson, K. y Herman-Ukasick, B. (2014). Bully Prevention in the Physical Education Classroom. *Strategies, 26*(6), 3-8.

Gallo, L., Sauceda, J., Ruíz, S. y Roque, E. (2011). El acoso escolar (bullying) y su asociación con trastornos psiquiátricos en una muestra de escolares en México. *Revista de Salud Pública, 53*(3), 210-227.

Garaigordobil, M. y Oñederra, J.A. (2010). La Violencia entre iguales: Revisión teórica y estrategias de intervención. Madrid: Pirámide.

Garaigordobil, M. (2011). Prevalencia y consecuencias del cyberbullying: una revisión. *International Journal of Psychology and Psychological Therapy,11*(2), 233-254.

Garaigordobil, M., Martínez-Valderrey, V., Páez, D. y Cardozo, G. (2015). Bullying y Ciberbullying: Diferencias entre colegios públicos-privados y religiosos-laicos. *Pensamiento Psicológico, 13*(1), 39-52.

Garaigordobil, M., Martínez-Valderrey, V. y Machimbarrena, J.M. (2017). Intervención en el bullying y cyberbullying: Evaluación del caso Martín. *Revista de Psicología y Clínica con niños y adolescentes, 4*(1), 25-32.

García, F. M. y Vaca, E. (2006). CONVES. *Materiales de prevención y de intervención*. Madrid: TEA.

Gázquez, J.J., Cangas, A., Pérez, M.C. y Lucas, F. (2009). Teachers´ perception of school violence in a sample from three european countries. *European Journal of Psychology of Education, 24*(1), 49-59.

Gesteira, C. (2016). Eficacia de un programa de tratamiento cognitivo-conductal para trastornos por estrés traumático, depresivos y de Ansiedad a largo plazo en víctimas de atentados terroristas. Tesis doctoral. Madrid: Universidad Complutense de Madrid.

Gómez, A. (2016). Terapia EMDR y abordajes complementarios con niños. Trauma complejo, apego y Disociación. Madrid: Asociación EMDR España.

González de Rivera, J. L., De las Cuevas, C., Rodríguez, M. y Rodríguez, F. (2002). *SCL-90-R. Cuestionario de 90 síntomas*. Madrid: TEA. Howe, D. (2005).

Gonzalo, J.L. (2014). Construyendo puentes: la técnica de la Caja de Arena (sandtray). España: Desclée De Brouwer.

Gorrese, A. y Ruggiere R. (2012). Peer Attachment: a meta-analytic review of gender and age differences and associations with parent attachment. *Journal of Youth Adolescence, 4*(5), 650-672.

Guzmán M., Padrós, F., Laca, F. y García, T. (2015). Intervenciones psicológicas basadas en la evidencia para el trastorno de Estrés Postraumático. *Revista Electrónica de Psicología Iztacala, 18*(3), 1177-1192.

Guzzo, G., Pace, U., Lo Cascio, V., Craparo, G. y Schimmenti, A. (2014). Bullying victimization, post-traumatic symptoms, and the mediating role of alexithymia. *Child Indicators Research, 7*(1), 141-153.

Haagen, J. F.G., Smid, G. E., Knipscheer, J. W. y Kleber, R. J. (2015). The efficacy of recommended treatments for veterans with PTSD: A metaregression analysis. *Clinical Psychology Review, 40*(1), 184-194.

Hansen, T. B., Steenberg, L.M., Palic, S. y Elklit, A. (2012). A review of psychological factors related to bullying victimization in schools. *Aggression and Violent Behavior, 17*(4), 383-387.

Hase, M., Balmaceda, U. M., Hase, A., Lehnung, M., Tumani, V., Huchzermeier, C. y Hofmann, A. (2015). Eye movement desensitization and reprocessing (EMDR) therapy in the treatment of depression: a matched pairs study in an inpatien setting. *Brain and Behavior, 5*(6), 1-9.

Herbert, C. (2002). A CBT-based therapeutic alternative to working with complex client problems: Comment. *European Journal of Psychotherapy Counselling and Health, 5*(2), 135-144.

Hernández-Guanir, P. (2009). TAMAI. Test Autoevaluativo Multifactorial de Adaptación Infantil. Madrid: TEA Ediciones.

Hoffman, A. N., Lorson, N. G., Sanabria, F., Foster Olive, M. y Conrad, C. D. (2014). Chronic stress disrupts fear extinction and enhances amígdala and hipocampal Fos expression in an animal model of posttraumatic stress disorder. *Neurobiology of Learning and Memory, 112,* 139-147. http://doi.org/10.1016/j.nlm.2014.01.018

Högberd, G., Pagani, M., Sundin, O., Soares, J., Aberg-Wistedt, A., Tärnell B. y Hällström T. (2007). On treatment with eye movement desensitization and reprocessing of chronic post-traumatic stress disorder in public transportation workers: A randomized controlled study. *Nordic Journal of Psychiatry, 61*(1), 54-61.

Hornsveld, H.K., Houtveen, M.V., Vroomen, M., Kapteijn, I., Aalberts, D., van den Hout, M.A. (2011). Evaluating the effet of eye movement on positive memories susch as those used in resource development and installation. *Journal of EMDR Practice and Reserch, 5*(4), 146-155.

Hughes, K., Mark A., Bellis, M.A., Hardcastle, K. A., Butchart, A., Dahlberg, L., Mercy, J. A. y Mikton, C. (2014). Global development and diffusion of outcome evaluation research for interpersonal and self-directed violence prevention from 2007 to 2013: A systematic review. *Aggression and Violent Behavior 19*(6), 655–662.

Idsoe, T., Dyregrow, A. y Cosmovici, E. (2012). Bullying and PTSD Symptoms Thormod. *Journal Abnorm Child Psychol, 40*(6), 901-911.

Jaberghaderi, N., Greenwald, R., Rubin, A., Zand, S. O., y Dolatabadi, S. (2004). A comparison of CBT and EMDR for sexually-abused Iranian girls. *Clinical Psychology & Psychotherapy: An International Journal of Theory & Practice, 11*(5), 358-368.

Jarero, I., Artigas, L. y Hartung, J. (2006). EMDR integrative group treatment protocol: A post-disaster trauma intervention for children and adults. *Traumatology, 12*(2), 121-129.

Jarero, I. y Artigas, L. (2009). EMDR Integrative Group Treatment Protocol. *Journal of EMDR Practice and Research, 3*(4), 287-288.

Jarero, I. y Artigas, L. (2010). The EMDR Integrative Group Treatment Protocol: Application with Adults during Ongoin Geopolitical Crisis. *Journal of EMDR Practice and Research, 4*(4), 148-155.

Jarero, I. y Artigas, L. (2011). The EMDR Protocol for Recent Critical Incidents: Brief Report of an Application in a Human Massacre Situation. *Journal of EMDR Practice and Research, 5*(4), 156-165.

Jarero, I. y Artigas, L. (2012). The EMDR integrative group treatment protocol: EMDR group treatment for early intervention following critical incidents. *Revue Européenne de Psychologie Appliquée/European Review of Applied Psychology, 62*(4), 219-222.

Jarero, I., Roque-López, S., Gómez, J. y Givaudan, M. (2014a). Segundo Estudio de Investigación de la Aplicación del Protocolo Grupal e Integrativo con EMDR a Niños Víctimas de Violencia Interpersonal Severa. *Revista Iberoamericana de Psicotraumatología y Disociación, 6*(1), 1-22.

Jarero, I., Roque-López, S., Gómez, J. y Givaudan, M. (2014b). Tercer Estudio de Investigación de la Aplicación del Protocolo Grupal e Integrativo con EMDR a Niños Víctimas de Violencia Interpersonal Severa. *Revista Iberoamericana de Psicotraumatología y Disociación, 6*(2), 1-22.

Jarero, I y Artigas, L. (2015). The EMDR Protocol for Recent Critical Incidents (EMDR-PRECI) and Ongoing Traumatic Stress.

Jarero, I., Artigas, L., Uribe, S., García, L.E., Cavazos, M.A., Givaudan, M. (2015). Pilot research Study on the Provision f the Eye Movement Desensitization and Reprocessing Integrative Group Treatment Protocol with Female Cancer Patients. *Journal of EMDR Practice and Research, 9(*2), 98-105.

Jarero, I., y Artigas, L. (2016). EMDR Integrative Group Treatment Protocol Adapted for Adolescents and Adults Living with Ongoing Traumatic Stress. In Jarero, I., Artigas, L., Uribe, S. y García, L.E. (2016). The EMDR Integrative Group Treatment Protocol for Patients with Cancer. *Journal of EMDR Practice and Research, 10*(3), 199-207.

Jarero, I., Artigas, L., Uribe, S. y García, L.E. (2016). The EMDR Integrative Group Treatment Protocol for Patients with Cancer. *Journal of EMDR Practice and Research, 10*(3), 199-207.

Jarero, I., Rake, G. y Givaudan, M. (2017). Programa de Terapia EMDR para Intervenciones Psicosociales Avanzadas Implementadas por Paraprofesionales. *Journal of EMDR Practice and Research, 11*(3), 122-128.

Jarero, I., Givaudan, M. Osorio, A. (2018). Randomized Controlled Trial on the provision of the EMDR Integrative Group Treatment Protocol Adapted for Ongoing Traumatic Stress to Female Patients with Cancer-Related Posttraumatic Stress Disorder Symptoms. *Journal of EMDR Practice and Research, 12*(3), 94-104.

Javidi, H. y Yadollahie, M. (2012). Post-traumatic stress disorder. *Int. J. Occup. Environ. Med. 3*(1), 2-9.

Johnson, D. R. y Lubin, H. (2006). The Counting Method: Applying the Rule of Par-simony to the Treatment of Posttraumatic Stress Disorder. *Traumatology, 12*(1), 83-99.

Kalff, D. (1980). Sandplay: *The psychotherapeutic approach to the psyche*. Santa Mónica, California: Temenos press.

Keeshin, B. R. y Strawn, J. R. (2014). Psychological and pharmacologic treatment of youth with posttraumatic stress disorder: an evidence-based review. *Child and Adolescent Psychiatric Clinics, 23*(2), 399-411.

Kemp M., Drummond P. y McDermott B. (2010). A wait-list controlled pilot study of eye movement desensitization and reprocessing (EMDR) for children with post-traumatic stress disorder (PTSD) symptoms from motor vehicle accidents. *Clinical Child Psychology and Psychiatry, 15*(1), 5-25.

Kovacs, M. (1992). *Children´s Depression Inventory*. North Tonawanda: Multihealth Systems.

Kühn, S. y Gallinat, J. (2013). Gray matter correlates of posttraumatic stress disorder: a quantitative meta-analysis. *Biological psychiatry, 73*(1), 70-74.

Lago, E. y Larraz, G. (2012). EMDR: Revisión de la técnica y aplicación a un caso clínico. *Cuadernos de Medicina Psicosomática y Psiquiatría de Enlace, 104* (5), 45-56.

Lanius, R. A., Brand, B., Vermetten, E., Frewen, P. A. y Spiegel, D. (2012). The dissociative subtype of posttraumatic stress disorder: Rationale, clinical and neurobiological evidence, and implications. *Depression and Anxiety, 29*(8), 701-708.

Laugharne, R., Marshall, D., Laugharne, J. y Hassard, A. (2014). A role for EMDR in the treatment of trauma in patients suffering fronm a psychosis: Four vignettes. *Journal of EMDR Practice and Research, 8*(1), 19-24.

Lee, C.W. y Cuijpers, P. (2013). A meta-analysis of the contribution of eye movements in processing emotional memories. *J. Behav. Ther. Exp. Psychiatry, 44*(2), 231-239.

Lee, D.J., Schnitzlein, C.W., Wolf, J.P., Vithilingam, M., Rasmusson, A.M. y Hoge, C.W. (2016). Psychotherapy versus pharmacotherapy for posttraumatic stress disorder: Systemic review and meta-analyses to determine rst-line treatments. *Depression and Anxiety, 33*(9), 792-806.

Leeds, A.M. (20111). Guía de protocolos estándar de EMDR para psicólogos, supervisores y consultores. Bilbao: Desclée de Brouwer.

Ley Orgánica 1/1996, de 15 de enero, de Protección Jurídica del Menor y de modificación parcial del Código Civil y de la Ley de Enjuiciamiento Civil. Recuperado de http://www.oas.org/.../Ley_Orgánica_1-196_15_enero_1996Proteccion

Ley Orgánica 5/2000, de 12 de enero, del Código Penal, reguladora de la responsabilidad penal de los menores. *Boletín Ofical del Estado BOE, 11,* de 13 de enero de 2000.

Ley Orgánica 27/2005, de 30 de noviembre, de fomento de la educación y la cultura de la paz. Recuperado de http://www.boe.es/buscar/pdf/2005/BOE-A-2005-19785-consolidado.pdf.

Ley Orgánica de Educación 2/2006, de 3 de mayo. *Boletín Oficial del Estado,* 106, de 4 de mayo de 2006. Recuperada de https://www.boe.es/boe/días/2006/05/04/pdfs/A17158 - 17207.pdf.

Ley Orgánica 8/2013, de 9 de diciembre, de Educación para la Mejora de la Calidad Educativa (LOMCE), que modifica la Ley Orgánica 2/2006 de Educación (*L.O.E.*). *Boletín Oficial del Estado,* 295, 97858 – 97921.

López-Soler, C. (2008). Las reacciones postraumáticas en la infancia y adolescencia maltratada: el trauma complejo. *Revista de psicopatología y psicología clínica, 13*(3), 159-174.

Lovett, J. (2016). *El laberinto del trauma y el apego. ¿Cómo modificar la terapia EMDR para ayudar a los niños a resolver traumas y desarrollar relaciones afectivas?* Madrid: Asociación EMDR España.

Lupo W. EMDR (2015). EMDR en el tratamiento de los traumas y trastornos de apego. *Intercambios, paleles de psicoanálisis, 35*(6), 23-31.

Maercker, A. y Perkonigg, A. (2013). Applying an international perspective in defining PTSD and related disorders: Comment on Friedman. *Journal of Traumatic Stress, 26*(5), 560-562.

Marín, C. Guillén, A.I. y Vergara, S. (2016). Nacimiento, desarrollo y evolución de la desensibilización y el reprocesamiento por medio de movimientos oculares (EMDR). *Clínica y Salud, 27*(3), 101-114.

Marín, L.F., Iodice, R. y Villegas, M.J. (2017). El Trastorno por Estrés Postraumático (TEPT) en niños y niñas entre 2 y 12 años como consecuencia del conflicto armado en Colombia: una perspectiva neuropsicológica. *Textos y Sentidos, 6*(16), 121-141.

Matthiesen, S.B. y Einarsen, S. (2004). Psychiatric distress and symptoms of PTSD among victims of bullying at work. *British Journal of Guidance and Counselling, 32*(3), 335–356.

Maxfield, L. (2008). EMDR treatment of recent events and community disas-ters. Journal of EMDR Practice and Research, 2(2), 74–78.

Maxfield, L. y Hyer, L.A. (2002). The relationship between efficacy and methodology in studies investigating EMDR treatment of PTSD. *Journal of Clinical Psychology, 58*(1), 23-41.

Maxfield, L., Melnyk, W.T. y Hayman, C.A.G. (2008). A working memry explanation for the effects of eye movements in EMDR. *Journal of EMDR Practice and Research, 2*(4), 247-261.

Mazzola, A., Calcagno, M. L., Goicochea, M. T., Pueyrredòn, H., Leston, J. y Salvat, F. (2009). EMDR in the treatment of chronic pain. *Journal of EMDR Practice and Research, 3*(2), 66–79.

Mclaughlin, K. A., Koenen, K.C., Hill, E. D., Petukhona, M., Sampson, N.A., Zaslavsky, A.M. y Kessler, R.C. (2013). Trauma exposure and posttraumatic stress disorder in a national sample of adolescents. *Journal of the American Academy of Child and Adolescent Psychiatry, 52*(8), 815-830.

Mikkelsen, E.G.E. y Einarsen, S. (2002). Basic assumptions and symptoms of post-traumatic stress among victims of bullying atwork. *European Journal of Work and Organizational Psychology, 11*(1), 87-111.

Montañez, G., Verónica, M., Martínez, A. y Amaury, C. (2015). Bullying y violencia escolar: diferencias, similitudes, actores, consecuencias y origen. *Revista Intercontinental de Psicología y Educación, 7*(2), 9-38.

Moore, S.E., Norman, R.E., Suetani, S., Thomas, H.J. Sly, P.D. y Scott, J.G. (2017). Consequences of bullying victimization in childhood and adolescence: A systematic review and meta-analysis. *World journal of psychiatry; 7*(1), 60-76.

Morales, J.F., Yubero, S. y Larrañaga, E. (2016). Gender and bullying: Application of a three-factor model of gender stereotyping. *Sex Roles, 74*(3-4), 169-180.

Morina, N., Koerssen, R. y Pollet, T. V. (2016). Interventions for children and adolescents with posttraumatic stress disorder: A meta-analysis of comparative outcome studies. *Clinical psychology review, 47*, 41-54.

Moreno-Alcázar, A., Treen, D., Valiente-Gómez, A., Sio-Eroles, A., Pérez, V., Amann, B.L., y Radua, J. (2017). Efficacy of eye movement desensitization and reprocessing in children and adolescent with post-traumatic stress disorder: a meta-analysis of randomized controlled trials. *Frontiers in Psychology, 8* (1750), 1-10.

Mynard, H., Joseph, S. y Alexander, J. (2000). Peer-victimisation and posttraumatic stress in adolescents. *Personality and Individual Differences, 29*(5), 815-821.

Nielsen, M.B. y Einarsen, S. (2012). Outcomes of workplace bullying: A meta-analytic review. *Work and Stress, 26*(4), 309–332.

Nielsen, M. B., Tangen, T., Idsoe, T., Matthiesen, S. B. y Mageroy, N. (2015). Post-traumatic stress disorder as a consequence of bullying at work and at school. A literature review and meta-analysis. *Aggression and violent behavior, 21*(1), 17-24.

Nijdam, M.J. Gersons, B.P., Retisma, J.B., de Jongh, A. y Olff, M. (2012). Brief eclectic psychotherapy v. eye movement desensitisation and reprocessing therapy in the treatment of post-traumatic stress disorder: Randomised controlled trial. *British Journal of Psychiatry, 200*(3), 224-231.

Novo, P., Landin-Romero, R., Radua, J., Vicens, V., Fernandez, I., Garcia, F. y Amann, B. L. (2014). Eye movement desensitization and reprocessing the-rapy in subsyndromal bipolar patients with a history of traumatic events: A randomized, controlled pilot-study. *Psychiatry Research, 219*(1), 122–128.

Olweus, D. (1993). *Bullying at School. What we know and what we can do.* Oxford: Blackwell.

Ordjan, N. E., Pivina, S. G., Mironova, V. I., Rakitskaia, V. V. y Akulova, V. K. (2014). The hypothalamic-pituitary-adrenal axis activity in prenatal stressed female rats in the model of posttraumatic stress disorder. *Rossiiskii fiziologicheskii zhurnal imeni IM Sechenova, 100*(12), 1409-1420.

Orden ECD/65/2015 de 21 de enero, por la que se describen las relaciones entre las competencias, los contenidos y los criterios de evaluación de la educación primaria, la ESO y el bachillerato. *Boletín Oficial Del Estado, 25,* 6986-700.

Ortega, R. (1997). *El proyecto Sevilla Antiviolencia Escolar: Un modelo ecológico de intervención educativa contra el maltrato entre iguales.*

En F. Cerezo (dir). *Conductas agresivas en la edad escolar*. Madrid: Pirámide (183-199).

O´Toole B.I., Catts, S.V., Outram, S., Pierse, K.R. y Cockburn, J. (2009). The physical and mental health of Australian Viernam veterans 3 decades after the war and its relation to military service, combat, and post-traumatic stress disorder. *American Journal of Epidemiology, 170(3)*, 318-330.

Ozer, E. J., Best, S. R., Lipsey, T. L. y Weiss, D. S. (2003). Predictors of posttraumatic stress disorder and symptoms in adults: A meta-analysis. *Psychological bulletin, 129*(1), 52-73.

Panagioti, M., Gooding, P.A. Triantafylloy, K. y Tarrier, N. (2015). Suicidality and posttraumatic stress disorder (PTSD) in adolescents: A systematic review and meta-analysis. *Social Psychiatry and Psychiatric Epidemiology, 50*(4), 525-537.

Pattis, E. (2011). *Sandplay Therapy in vulnerable communities: A Junguian Approach.* Routledge.

Piñuel, I. y Oñate, A. (2007a). *Acoso y Violencia Escolar en España. Estudio Cisneros X.* Madrid: IIEDI.

Piñuel, I. y Oñate, A. (2007b). *AVE. Acoso y Violencia Escolar.* Madrid: TEA.

Piñuel, I. y Gispert, M. (2006). *TEBAE. Test de Evaluación Breve del acoso escolar.* Madrid: TEA.

Piñuel, I. y Cervera, M. (2016). *Tratamiento EMDR del Mobbing y el Bullying: una guía para psicólogos.* Madrid: EOS.

Piñuel, I. y Cortijo, O. (2017). *Cómo prevenir el acoso escolar: la implantación de protocolos antibullying en los Centros escolares: una visión práctica y aplicada.* Madrid: CEU.

Power, M.B., Halpern, J.M., Ferenschak, M.P., Gillihan, S.J. y Foa, E.B. (2010). A meta-analytic review of prolonged exposure for posttraumatic stress disorder. *Clinical psychology review, 30*(6), 635-641.

Prieto, M. (2015). *Eficacia de la Terapia Cognitivo Conductual (TCC) y de la TCC-Focalizada en el Trauma en Infancia Maltratada.* Tesis doctoral. Murcia: Universidad de Murcia.

Pugh, L.R., Taylor, P.J. y Berry, K. (2015). The role of guilt in the development of post-traumatic stress disorder: A systematic review. *Journal of Affective Disorders, 182,* 138-150. https://doi.org/10.1016/j.jad.2015.04.026

Ranney, M. L., Patena, J. V., Nugent, N., Spirito, A., Boyer, E., Zatzick, D. y Cunningham, R. (2016). PTSD, cyberbullying and peer violence: prevalence and correlates among adolescent emergency department patients. *General hospital psychiatry, 39*(7), 32-38.

Real Decreto, de 24 de julio, texto de la edición del Código Civil mandada publicar en cumplimiento de la Ley de 26 de mayo último. *Gaceta, 25* de julio de 1889.

Real Decreto 1105/2014, de 26 de diciembre, por el que se establece el currículo básico de la Educación Secundaria Obligatoria y del Bachillerato. *Recuperado de* https://www. Boe. Es/boe/dias/2015/01/03/pdfs/BOE-Ha-2015-37.

Rescorla, L., Achenbach, T., Ivanova, M., Dumenci, L., Almqvist, F., Bilenberg, N., Bird, H., Broberg, A., Dobrean, A., Döpfner, M., Erol, N., Forns, M., Hannesdottir, H., Kanbayashi, Y., Lambert, M.C., Leung, P., Minael, A., Mulatu, M.S., Novik, T.S., Oh, K., Rousssos, A., Sawyer, M., Simsek, Z., Steinhausen, H-C., Weintraub, S., Metzke, C.W., Wolanczyk, T. y Zilber, N. (2007). Epidemiological comparisons of problems and positive qualities reported by adolescents in 24 countries. *Journal of Consulting and Clinical Psychology, 75*(2), 351-358.

Resick, P.A. y Miller, M.W. (2009): Posttraumatic stress disorder: Anxiety or traumatic stress disorder. *Jorunal of Traumatic Stress, 22*(5), 384-390.

Ricci, R.J. y Clayton, C.A. (2008). Trauma resolution Treatment as an Adjunct to Standard Treatment for Child Molesters: A Qualitative Study. *Journal of EMDR Practice and Research, 2*(1), 51-50.

Rodenburg, R., Benjamin, A., de Roos, C, Meijer, A.M. y Stams, G.J. (2009). Efficacy of EMDR in children: A Meta – analysis. *Clinical Psychology Review, 29*(7), 599-606.

Rojas, J.P. (2017). *Terapia EMDR: una obra a la luz de Santo Tomás.* Tesis doctoral. Barcelona: Universitat Abad Oliba CEU.

Romero, M. e Ignacio, J. (2016). Afectaciones pedagógicas del acoso escolar; estrategias de intervención dirigida a la optimización del lenguaje, autoestima y rendimiento académico. Recuperado de: Http://repositorio.utmachala.edu.ec/handle/48000/8450.

Rose, S. C., Bisson, J., Churchill, R. y Wessely, S. (2002). Psychological debriefing for preventing post-traumatic stress disorder (PTSD). *Cochrane Database of Systematic Reviews, 2*(56), 1-36.

Rotnbaum, B.O., Keams, M.C., Price, M., Malcoun, E., Davis, M., Ressler, K.J., Lang, D. y Houry, D. (2012). Early Intervention May Prevent the Development of Posttraumatic Stress Disorder: A Randomized Pilot Civilian Study with Modified Prolonged Exposure. *Biological Psychiatry, 72*(11), 957-963.

Russell, M.C., Silver, S.M., Rogers, S. y Darnell, J.N. (2007). Responding to an identified need: A joint Department of Defense/Department of Veterans Affairs training program in eye movement desensitization and reprocessing (EMDR) for clinicians providing trauma services. *International Journal of Stress Management, 14*(1), 61-71.

Saarento, S., Boulton, A. J. y Salmivalli, C. (2015). Reducing Bullying and Victimization: Student- and Classroom-Level Mechanisms of Change. *Journal of Abnormal Child Psychology, 43*(1), 61–76.

Sandín, B. (2003). El estrés: un análisis basado en el papel de los factores sociales. *International Journal of Clinical and Health Psychology, 3*(1), 141–157.

Shapiro, F. (1989). Eye movement desensitization: A new treatment for posttraumatic stress disorder. *Journal of Behavior Therapy and Experimental Psychiatry, 20*(3), 211-217.

Shapiro, F. (2014). The role of eye movement desensitization and reprocessing (EMDR) therapy in medicine: addressing the psychological and physical symptoms stemming from adverse life experiences. *Perm. J. 18*(1), 71–77.

Save the Children. (2016). *Yo a eso no juego.* Recuperado de https://www.savetheChildren.es/publicaciones/yo-eso-no-juego-bullying-y-ciberbullying-en-la-infancia

Schneider, S.J., Grilli, S.F. y Schneider, J.R. (2013). Evidence-based treatments for traumatized children and adolescents. *Current Psychiatry Reports, 15*(1), 332-335.

Scott, J.C., Matt, G.E., Wrocklage, K.M., Crnich, C., Jordan, J., Southwick, S.M., Krystal, J.H. y Schweinsburg, B.C. (2015). A quantitative meta-analysis of neurocognitive functioning in posttraumatic stress disorder. *Psychological Bulletin, 141*(1), 105–140.

Seijas, R. (2013). Trastorno por Estrés Postraumático y cerebro. *Revista de La Asociación Española de Neuropsiquiatría, 33*(119), 511-523.

Sigurdson, J.F., Undheim, A.M., Wallander, J.L., Lydersen, S. y Sund, A.M. (2015). Los efectos a largo plazo de ser intimidado o acosador en la adolescencia sobre la externalización e internalización de problemas de salud mental en la edad adulta. *Psiquiatría Infantil y Adolescente y Salud Mental, 9*(42), 1-13.

Shapiro, F. (2004). *Desensibilización y Reprocesamiento por medio del Movimiento Ocular.* México: Pax México.

Silver, S.M., Rogers, S., Knipe, J. y Colleli, G. (2005). EMDR therapy following the 9/11 terrirust attacks: A community-based intervention proyect in New York City. *International Journal of Stress Management, 12*(1), 29-42.

Soberman, G. B., Greenwald, R. y Rule, D. L. (2002). A controlled study of eye movement desensitization and reprocessing (EMDR) for Boys with conduct problems. *Journal of Aggression, Maltreatment, and Trauma, 6*(1), 217-236.

Solomon, R.M. y Shapiro, F. (2014). EMDR y el Modelo del Procesamiento Adaptativo de la Información: mecanismos potenciales de cambio. *Journal of EMDR Practice and Research, 8*(3), 96-107.

Spielberger, C. (1973). *STAIC preliminary manual.* Palo Alto, CA: Consulting Psychologists Press (adaptacion espanola TEA, 2009).

Stapleton, J. A., Taylor, S. y Asmundson, G. J. G. (2006). Effects of Three PTSD Treat-ments on Anger and Guilt: Exposure Therapy, Eye Movement Desensitizationand Reprocessing, and Relaxation Training. *Journal of Traumatic Stress, 19*(1), 19–28.

Stickgold, R. (2002). EMDR: A putative neurobiological mechansm of action. *Journal of clinical psychology, 58*(1), 61-75.

Strawn, J. R., Keeshin, B. R., DelBello, M. P., Geracioti, T. D. y Putnam, F. W. (2010). Psychopharmacologic treatment of posttraumatic stress disorder in children and adolescents: a review. *Journal Clinics Psychiatry 71*(7), 932–941.

Taft, C. T., Watkins, L. E., Stafford, J., Street, A. E. y Monson, C. M. (2011). Posttraumatic stress disorder and intimate relationship problems: a meta-analysis. *Journal of Consulting and Clinical Psychology, 79*(1), 22-23.

Tang, T.C., Yang, P., Yen, C.F. y Liu, T.L. (2015). Eye movement desensitization and reprocessing for treating psychological disturbances in Taiwanese adolescents who experienced Typhoon Morakot. *The Kaohsiung Journal of Medical Sciences, 31*(7), 363-369.

Tarquinio, C., Brennstuhl, M.J., Rydberg, J. A., Schmitt, A., Mouda, F., Lourel, M. y Tarquinio, P. (2012). Eye movement desensitization and reprocessing (EMDR) therapy in the treatment of victims of domestic violence: A pilot study. *European Journal of Sexology and Sexual Health / Revue Européenne de Sexologie et de Santé Sexuelle, 62*(4), 205-212.

Tehrani, N. (2004). Bullying: a source of chronic post-traumatic stress? *British Journal of Guidance and Counselling, 32*(3), 357–366.

Torregrosa, M. S., inglés, C. J., García-Fernández, J. M., Gázquez, J. J., Díaz-Herrero, Á. y Bermejo, R. M. (2012). Conducta agresiva entre iguales y rendimiento académico en adolescentes españoles. *Psicología Conductual, 20*(2), 263-280.

Tresancoras, A. G., Garcia-Oliva, C. y Piqueras, J.A. (2017). Relación del uso problemático de Whatsapp con la personalidad y la Ansiedad en adolescentes. *Health and Addictions, 17*(1), 27-36.

Trianes, M. V. y Fernández-Figarés, C. (2001). *Enseñar a ser personas y a convivir. Un programa para secundaria.* Bilbao: Descleé de Brower.

Trickey, D., Siddaway, A.P., Meiser-Stedman, R., Serpell, L. y Field, A.P. (2012). A meta-analysis of risk factors for posttraumatic stress disorder in children and adolescents. *Clinical Psychology Review, 32*(2), 122-138.

Ttofi, M.M. y Farrington D.P. (2011). Effectiveness of school-based programs to reduce bullying: A systematic and meta-analytic review. *Journal of Experimental Criminology, 7*(1), 27-56.

Ttofi, M.M., Farrington, D.P. y Losel, F. (2012). School bullying as a predictor of violence later in life: A systematic review and meta-analysis of prospective longitudinal studies. *Aggression and Violent Behavior, 17*(5), 405–418.

Tang, T. C., Yang, P., Yen, C. F. y Liu, T. L. (2015). Eye movement desensitization and reprocessing for treating psychological disturbances in Taiwanese adolescents who experienced Typhoon Morakot. *The Kaohsiung journal of medical sciences, 31*(7), 363-369.

Vaishnavi, S., Payne, V., Connor, K. y Davidson, J.R. (2006). A comparison of the SPRINT and CAPS assessment Scales for posttraumatic stress disorder. *Depression and Anxiety, 23*(7), 437-440.

Van den Berg, D.P.G. y van der Gaag, M. (2012). Treating trauma in psychosis with EMDR: A pilot study. *Journal of Behavior Therapy and Experimental Psychiatry, 43*(1), 664-671.

Van den Berg, D.P.G., de Bont, P.A.J.M., van der Vleugel, B.M., de Roos, C., de Jongh, A., Van Minnen, A. y van der Gaag, M. (2015). Prolonged exposure vs eye movement desentization and reprocessing vs. waiting list for posttraumatic stress disorder in patients with a psychotic disorder: A randomized clinical trial. *JAMA Psychiatry, 72*(3), 259-267.

Van der Kolk, B. A. (2005). Child Abuse y Victimization. *Psychiatric Annals, 35*(3), 374-378.

Van Emmerik, A. A., Kamphuis, J. H., Hulsbosch, A. M. y Emmelkamp, P. M. (2002). Single session debriefing after psychological trauma: a meta-analysis. *The Lancet, 360*(9335), 766-771.

Verdejo-García, A. y Bechara, A. (2010). Neuropsicología de las funciones ejecutivas. *Psicothema, 22*(2), 227-235.

Wadda, N. N., Zaharim, N. M. y Alqashan, H. F. (2010). The use of EMDR in treatment of traumatized Iraqi Children. *Digest of Middle East Studies, 19*(1), 26-36.

Weaver, A. (2000). Can Post-Traumatic Stress Disorder be diagnosed in Adolescence without a Catastrophic Stressor? A Case Report. *Clinical Child Psychology and Psychiatry, 5*(1), 77-83.

Weathers, F. W., Litz, B. T., Keane, T. M., Palmieri, P. A., Marx, B. P., y Schnurr, P. P. (2013). *The PTSD check-list for DSM-5 (PCL-5)*. Scale available from the National Center for PTSD.

Wolfe, V. V., Gentilel, C., Michienzi, T., Sas, L. y Wolfe, D.A. (1991). The Children´s Impact of Traumatic Events Scale: A measure of post-sexual abuse PTSD symptoms. *Behavioral Assessment, 13*(4), 359-383.

Wolpe, J. (1969). The practice of behavior therapy. Unidades Subjetivas de Perturbación. New York: Pergamon Press.

Wolpe, J. (1958). *Psychotherapy by reciprocal inhibition*. Stanford, CA: Stanford Univesity Press.

Yárnoz, S., Alonso-Arbiol, I., Plazaola, M. y Sainz de Murieta, L. M. (2001). Apego en adultos y percepción de los otros. *Anales de Psicología, 17*(2), 159-170.

Yárnoz, S. (2008). La evaluación desde la teoría del apego: El lugar de los autoinformes y otros instrumentos en la evaluación del apego en niños, adolescentes y adultos. En S. Yárnoz (comp.), *La teoría del apego en la clínica, I: Evaluación y clínica* (pp. 95-155). Madrid: Psimatica.

Yule, W., Bolton, D., Udwin, O., Boyle, S., O´Ryan, D. y Nurrish, J. (2000). The long-term psychological effects of a disaster experienced in adolescence: I: The incidence and course of PTSD. *Journal of Child Psychology and Psychiatry,* 4(4), 503-511.

Zaghrorut-Hodali, M., Alissa, F. y Dodgson, P.W. (2017). Construyendo Resilencia y Desmantelando el Temor: Protocolo Grupal EMDR Con Niños en un Área de Trauma Actual. Recuperado de http://emdr-es.org/wp-content/uploads/2017/06/Art%C3%ADculo-3.doc.

Zapata, L. (2017). *Psicoterapia para el tratamiento del Trastorno de Estrés Postraumático mediante la técnica de Movimiento Ocular, Desensibilización y Reprocesamiento.* Montevideo: Universidad de la República.

Zurita, F., Vilches, J. M., Padial, R., Pérez, A. J., y Martínez, A. (2015). Conductas agresivas y de Bullying desde la perspectiva de actividad física, lugar de residencia y género en adolescentes de Granada. *Revista Complutense De Educación,* 26(3), 527-54.

EMDR EN VÍCTIMAS DE BULLYING

EMDR EN VÍCTIMAS DE BULLYING

Glosario

Siguiendo a Shapiro (2004), a continuación, se exponen los términos utilizados en el método de EMDR, algunos de ellos con significancia diferente al habitual y otros utilizados de forma exclusiva:

Abreacción. El método de EMDR, define ésta como el efecto de reexperimentar el recuerdo estimulado a su nivel de perturbación elevado.

Blanco o diana. Se trata del recuerdo designado para el reprocesamiento terapéutico. Es una experiencia almacenada biológicamente, la cual representa una red de recuerdos. El procedimiento EMDR activa el blanco y estimula así el PAI.

Cognición. En el método EMDR es utilizada para significar una creencia o evaluación, en lugar de representar la consciencia de la experiencia.

Cognición negativa. Representa una declaración o comentario que expresa la creencia negativa subyacente o autoevaluación inadaptativa que acompaña a la imagen principal del trauma. Frecuentemente, suelen derivar de un pensamiento o creencia negativa que el paciente tiene respecto a lo que sucedió o a su participación.

Cognición positiva. Es la verbalización del estado que el paciente desea alcanzar respecto a la cognición negativa. Se trata de una creencia sobre sí mismo que le imbuye de poder. Se han de evitar los adverbios negativos.

Entretejido cognitivo/educativo. Estrategia que el psicólogo ofrece mediante comentarios (en forma de preguntas que provocan pensamiento, acciones o imágenes) breves que ayuden a las asociaciones necesarias, cuando el paciente se bloquea.

Generalización. El hecho de reprocesar el evento representativo de un trauma generalmente resulta en una generalización, permitiendo que todos los efectos positivos del tratamiento se extiendan a todos los eventos relacionados, sensaciones, sentimientos y emociones asociadas al evento original.

Procesamiento. Implica la trasmutación del material disfuncional y la vinculación gradual con información útil, que genere en el paciente un sentimiento de crecimiento personal.

Validez ecológica. Todo aquello que sea apropiado y válido dentro del contexto donde se desenvuelve en la actualidad el paciente.

EMDR EN VÍCTIMAS DE BULLYING

EMDR EN VÍCTIMAS DE BULLYING

EMDR EN VÍCTIMAS DE BULLYING

EMDR EN VÍCTIMAS DE BULLYING

EMDR EN VÍCTIMAS DE BULLYING